KB055040

비행청소년
17

사라진
민주주의를
찾아라
대의민주주의와 자유민주주의에 가린
민주주의의 진짜 얼굴

초판 1쇄 발행 2018년 5월 10일
초판 2쇄 발행 2021년 4월 20일

지은이 장성익
그린이 방상호
펴낸이 홍석
이사 홍성우
인문편집팀장 박월
디자인 방상호
마케팅 이가은, 이송희, 한유리
관리 최우리, 김정선, 정원경, 홍보람
펴낸곳 도서출판 풀빛
등록 1979년 3월 6일 제8-24호
주소 03762 서울특별시 서대문구 북아현로 11가길 12 3층
전화 02-363-5995(영업), 02-362-8900(편집)
팩스 070-4275-0445
홈페이지 www.pulbit.co.kr
전자우편 inmun@pulbit.co.kr

ISBN 979-11-6172-716-5 44300
          978-89-7474-760-2 44080 (세트)

이 책의 국립중앙도서관 출판예정도서목록(CIP)은 서지정보유통지원시스템 홈페이지(http://seoji.nl.go.kr)와
국가자료공동목록시스템(http://www.nl.go.kr/kolisnet)에서 이용하실 수 있습니다.(CIP제어번호: CIP2018011360)

대의민주주의와 자유민주주의에 가린
민주주의의 진짜 얼굴

WANTED

사라진 민주주의를 찾아라

장성익 글
방상호 그림

풀빛

지구는 둥글고 태양 주위를 돕니다. 너무나 당연한 상식입니다. 하지만 한때는 지구가 평평하고 태양이 지구를 도는 것이 철석같은 진리로 통했습니다. 그 시절엔, 지금은 어린아이도 다 아는 사실을 입 밖에 냈다는 이유만으로 혹독한 수난을 당해야 했습니다. 이단으로 몰려 고문은 물론 처형을 당하기까지 했지요. 지금 생각해 보면 어처구니없는 일이 아닐 수 없습니다.

 하지만 역사에서 이런 사례는 흔합니다. 예컨대, 노예 해방이나 신분제도 철폐를 외치면 정신병자 취급을 받았습니다. 여성과 흑인에게도 투표권을 줘야 한다고 주장하면 손가락질을 당했습니다. 제국주의의 압제에 시달리던 식민지 민중이 독립운동을 벌이면 반역자로 찍혔습니다. 독재 권력에 맞서 민주주의를 요구하면 폭도와 '빨갱이'로 몰렸습니다. 중세 시대에 지구는 둥글고 태양 주위를 돈다는 것을 알았던 사람들과 마찬가지로, 지금 기준으로는 상식에 지나지 않는 얘기를 했을 뿐인 사람들이 한때는 모진 고초와 수모를 당했습니다.

민주주의도 다르지 않습니다. 오늘날 민주주의는 지구촌 전체의 보편적 가치로 받아들여집니다. 인류가 발명한 정치 이념과 시스템 가운데 가장 위대한 것으로 공인받습니다. 적어도 지금까지는 그렇습니다. 하지만 민주주의가 이 정도 '대접'을 받게 된 것은 그리 오래된 일이 아닙니다. 기나긴 세월 동안 인류 역사를 지배한 것은 극소수 특정 세력의 독점 권력이었습니다. 사회 구성원의 대다수를 이루는 일반 대중은 이들 지배세력의 가혹한 억압과 착취에 시달려야 했습니다. 특히 여성, 유색인종, 가난한 사람을 비롯한 약자와 소수자들은 더욱 극심한 차별과 배제의 사슬에 묶여 큰 고통을 받았습니다.

민주주의를 만들어 내고 키운 것이 바로 이런 보통 사람들입니다. 억눌리고 빼앗기고 쫓겨나면서도 자유와 평등, 그리고 인간의 존엄을 간절히 바랐던 이들이지요. 오늘날 우리가 민주주의를 이만큼이라도 누리게 된 것은 인간답게 살기를 갈망했던 평범한 다수 시민의 외침과 몸부림이 도도한 역사의 강물을 이루어 끊임없이 세상을 바꾸어 온 덕분입니다.

그런데, 이런 민주주의가 오늘날 어떤 상황에 처해 있을까요? 민주주의의 본래 뜻과 가치에 걸맞게 올바로 작동하고 있을까요? 달리 묻자면, 우리는 제대로 된 민주주의 사회에서 살고 있는 걸까요? 우리의 삶에서 민주주의가 온전히 제 빛을 발하고 있을까요?

이 책은 지금의 민주주의가 깊이 병들었고 크게 고장 났다는 문제의식에서 출발합니다. 오늘날 민주주의는 이 세상과 우리 삶에서 생기는 수많은 문제를 해결하지 못하고 있습니다. 민주주의 자체가 오염되고 변질됐으며, 거대한 위기와 혼돈에 빠졌습니다. 우리 사회만 보아도 그렇습니다. 이 글을 쓰는 2018년 4월 현재, 불과 얼마 전까지 나라를 잇달아 이끌었던 두 전직 대통령이 감옥에 갇혀 있습니다. 탐욕과 사적인 이해관계에 사로잡혀 권력을 사유화했고, 임기 내내 부패와 무능과 무책임으로 얼룩졌으며, 그 결과 나라를 엉망진창으로 망가뜨렸기 때문입니다. 그 가운데 한 명은 시민들의 '촛불 혁명'으로 임기를 마치기도 전에 탄핵당해 쫓겨나기까지 했습니다. 우리 역사에서 처음 겪는 일이었지요. 두 사람 다 민주적이고 합법적인 선거를 통해 선출되었습니다. 일반적으로 우리나라는 오랜 군사독재를 시민의 힘으로 물리치고 민주주의의 안정 궤도에 들어선 나라로 평가받곤 합니다. 그런데도 이런 참담한 사태가 일어났습니다.

한데 사실은 '정치 선진국'이라 불리는 나라들에서도 참된 민주주의에 대한 요구가 들끓기는 매한가지입니다. 물론 정도의 차이는 있고 그 내용과 양상이 저마다 다르긴 하지만 말입니다. 오늘날 민주주의가 맞닥뜨린 문제와 한계는 일시적이거나 국지적인 현상이 아닙니다. 근본적인 거듭남과 총체적인 탈바꿈을 강력하게 요청받고 있는 것이 민주주의의 현주소입니다.

민주주의가 소중하다고 강조하는 이유는 뭘까요? 그것은 '어떤 삶을 살고 싶은가?', '어떤 세상을 원하는가?' 등처럼, 우리가 살아가면서 끝없이 던질 수밖에 없는 아주 중대하고도 본질적인 질문들에 대한 답변과 직결되는 것이 민주주의이기 때문입니다. 즉, 이 세상과 우리 삶을 규정하는 궁극적인 가치, 의미, 목적이 민주주의라는 수원지(水源池)에서 흘러나오기 때문입니다. 민주주의를 공부해야 할 까닭입니다.

　민주주의를 다룬 책은 많습니다. 그런데 그 책들의 다수는 기성의 주어진 민주주의를 요모조모 설명하고 분석하는 데서 그치고 있는 듯합니다. 그에 견주어 이 책은 오늘날 세계 전체에 지배적으로 퍼져 있는 '주류' 민주주의를 진짜 민주주의가 아니라고 규정합니다. 현대 민주주의를 떠받치는 두 기둥이라고 할 수 있는 대의민주주의와 자유민주주의가 특히 그러합니다. 오늘날 대의민주주의 아래서 '대의'는 심각하게 실패하고 있습니다. 자유민주주의 아래서 '자유'는 치명적으로 손상되고 있습니다.

　이제 새로운 상상력을 바탕으로 하는 다른 대안이 필요합니다. 틀에 박힌 고정관념에서 벗어나야 합니다. 진부하고도 획일적인 관점을 버려야 합니다. 다르게 보아야 새롭게 살 수 있습니다. 몇 안 되는 주어진 답들 가운데 하나를 고르는 게 아니라 '답안지' 자체를 바꾸어야 합니다. 민주주의를 주제로 삼아 이 책에서 하고자 한 일이 이것입니다. 민주주의를 사랑하는 이들, 민주주의를 알고자 하는 이들, 그리하여 민주주의의 먼 길을 함께 가고자 하는 이들에게 이 책이 한 모금이나마 시원한 샘물이 될 수 있다면 참 좋겠습니다.

2018년 4월

장 성 익

프롤로그 • 4

1부 민주주의란 무엇인가?

1. 똑똑, 민주주의를 열다 • 16

마우스랜드의 생쥐와 고양이 | 쫓겨난 대통령 | 민주주의에 얽힌 질문들

2. 민주주의의 뿌리를 더듬어 보니 • 24

of the people, by the people, for the people | 스스로 다스린다는 건 뭘까?

| 민주주의는 왜 소중할까?

3. 민주주의를 둘러싼 쟁점들 • 36

민주주의는 수단일까 목적일까? | 민주주의는 끝이 있을까?

| 민주주의는 '다수의 지배'일까? | 자유가 평등에게, 평등이 자유에게

| 민주주의는 '답변'이 아니라 '질문'이다

2부
민주주의는 안녕한가?

1. '지금 여기'를 알려면 역사를 보라 • 56

이 책이 겨냥하는 것 | 권력 이동: 소수에서 다수로 | 자유민주주의가 여기서 시작됐다고?
| 혁명의 두 얼굴 | 대의민주주의, 권력 엘리트의 발명품? | 사회주의, 너는 어디 있느냐
| 돈과 경쟁의 노예로 전락한다면

2. 대의민주주의를 쏘다 • 88

구경꾼 민주주의, 소비자 민주주의 | 대의민주주의는 무엇을, 얼마나 대표하는가?
| 화석연료와 민주주의

3. 자유민주주의에 '자유'가 없다? • 104

자유주의와 짝짜꿍, 자본주의와 짝짜꿍 | '공적인 것'과 '사적인 것' 사이에서
| 자유의 변질, 멀어지는 민주주의

4. 국가, 삐딱하게 보기 • 112

저 원통한 죽음을 어찌하랴 | 나는 국민이기 이전에 인간이다
| 국가 폭력에 맞서야 할 때 | 좋은 시민, 좋은 국가, 좋은 민주주의

5. 법은 시민의 것 • 128

기울어진 운동장 | 왕이 죽느냐, 혁명이 죽느냐
| 법 '앞에서'와 법 '이전에'

3부
민주주의가
갈 길은?

1. 참여민주주의: 세상을 바꾸는 힘 • 140

아름다운 힘, 참여 | 민주주의의 각성제, 직접행동 | 본질에 더욱 가까이
| 성찰하고 숙고하는 민주주의 | 민주주의의 실핏줄, 풀뿌리민주주의

2. 경제민주주의: 민주주의가 밥이다 • 162

그들은 왜 굶어 죽었을까? | '껍데기' 민주주의에서 '알맹이' 민주주의로
| 독재가 경제성장에 유리하다고? | '좋은 노동'과 민주주의

3. 추첨민주주의: 민주주의를 키우는 민주주의 • 178

그때는 시민이 곧 정부였단다 | 통치자=피통치자 | 추첨민주주의를 둘러싼 논쟁
| 대학 입학도 추첨으로?

4. 생태민주주의: 인간과 자연이 함께 사는 길 • 194

법정에 선 도롱뇽 | 자연과 미래세대는 누가 대변하나 | 파괴적 성장은 이제 그만

5. 전자민주주의: 정보화 시대의 좌표 찾기 • 206

민주주의의 새로운 돌파구 | 무서워라, 감시사회 | 정보화와 함께, 정보화를 넘어

6. 청소년 민주주의: 청소년에게도 정치를 허하라 • 216

혁명의 주역은 그대들이었다 | 18살 유권자 탄생, 청소년도 동등한 시민으로

| 멋진 민주주의자가 되는 길

에필로그 • 226

참고한 책 • 230

1부
민주주의란
무엇인가?

WANTED

1 똑똑, 민주주의를 열다

왜 그토록 많은 사람이 민주주의의 제단에 피를 바쳤을까요? 왜 민주주의를 지지하고 옹호하는 것이 아무도 부정할 수 없는 상식이 됐을까요? 왜 많은 사람이 인류 역사의 고갱이를 민주주의를 향한 끝없는 여정이라고 규정할까요? 민주주의의 깃발에는 어째서 그렇게나 많은 기쁨과 슬픔, 희망과 절망, 고통과 환희, 영광과 치욕이 동시에 아로새겨져 있을까요? 대체 민주주의는 왜 필요하고 소중할까요?

마우스랜드의 생쥐와 고양이

마우스랜드(Mouseland)라는 나라가 있다. 이름 그대로 생쥐들이 모여 사는 나라다. 이 나라에서 생쥐들은 몇 년에 한 번씩 선거로 통치자를 뽑았다. 한데 그들이 뽑은 통치자는 매번 생쥐가 아니라 고양이였다. 나라가 엉망이 되고 삶이 고달파져도 여전히 생쥐들은 고양이만 뽑았다. 달라지는 것이라곤 고양이의 색깔뿐이었다.

고양이 색깔이 달라지면 법이 바뀌기도 했다. 이를테면 이런 식이다. 검은 고양이 정부가 만든 법은 쥐구멍이 고양이 발이 충분히 들어가도록 커야 한다고 했다. 그러자 고통에 시달리던 생쥐들은 검은 고양이 대신 흰 고양이를 새 통치자로 뽑았다. 그런데 흰 고양이 정부는 둥근 쥐구멍을 네모난 모양의 쥐구멍으로 바꾸었고, 그 결과 쥐구멍이 두 배로 커지고 말았다. 생쥐들의 삶은 이전보다 훨씬 더 고달파지고 위험해졌다. 아무리 색깔이 다른 고양이 정부로 바뀌어도 이런 일이 되풀이되었다.

그러던 어느 날, 생쥐 한 마리가 홀연히 깨달았다. 색깔이야 어떻든 고양이 정부는 고양이만을 돌볼 뿐 생쥐는 안중에도 없다는 사실을. 그 생쥐는 용기를 내어 다른 생쥐들에게 이렇게 외쳤다. 우리도 이제 생쥐로 이루어진 정부를 만들자!

환영할 줄 알았던 다른 생쥐들은 도리어 그 생쥐를 '빨갱이'라고 몰아 감옥에 처넣었다.

이 이야기는 캐나다 정치인 토미 더글러스가 1962년 캐나다 의회에서 연설하면서 소개한 우화입니다. 더글러스가 전하고 싶었던 메시지가 무엇인지는 어렵잖게 짐작할 수 있습니다. 아무리 선거로 권력을 교체해도 세상은 달라지는 게 없고 일반 사람들의 힘겨운 삶은 여전하다는 게 그것입니다. 아울러, 수많은 사람이 이런 현실에 별다른 문제의식 없이 길들어 있다는 점도 꼬집고 있지요. 수십 년 전에 소개된 이 오래된 이야기가 지금의 우리와는 아무런 관계가 없을까요? 이 이야기가 오늘날도 우리나라는 물론 수많은 세계 사람들 입에 오르내리는 이유는 뭘까요?

쫓겨난 대통령

"대통령 박근혜를 파면한다."

지난 2017년 3월 10일 오전 11시 21분, 나라 안팎의 무수한 귀와 눈이 쏠린 가운데 대한민국 헌법재판소 법정에 울려 퍼진 대통령 탄핵 판결문의 마지막 대목입니다. 이로써 우리가 일찍이 경험해 본 적도 없고 상상하기도 힘들었던 일이 벌어졌습니다. 우리 사회에서 처음으로 현직 대통령이 임기 도중에 탄핵당해 권좌에서 쫓겨난 것입니다. 단지 쫓겨나기만 한 게 아닙니다. 결국은 구속되어 감옥에 갇히고 말았습니다. 어쩌다 이런 일이 일어났을까요?

박근혜 전 대통령은 국민이 부여한 최고의 권력을 사적으로 악용했습니다. 이른바 '권력의 사유화'입니다. 그의 '40년 친구'라는 사람은 아무런 공적인 직책도 맡지 않은 일반 개인이었음에도 단지 대통령과 친하다는 이유만으로 온갖 국정에 관여했습니다. 철저히 장막 뒤로 몸을 숨긴 채 은밀하게 권력을 휘둘렀지요. 그 사람은 그 과정에서 큰 돈을 챙기는 것을 비롯해 자신의 사적인 이득을 취하는 데 골몰했습니다. 박근혜는 한 나라의 최고 지도자라는 대통령의 직분과 책무를 저버리고서 이런 사람과 한통속이 되었습니다.

그는 공과 사를 분간하지 못했습니다. 사적인 인연에 눈이 멀고 사리사욕의 늪에 빠져 헤어나지 못했습니다. 국가의 공식적인 의사 결정 시스템을 망가뜨렸습니다. 헌법과 법률을 어겼습니다. 그 결과 권력과 통치의 공적 책임성은 온데간데없이 사라지고 말았습니다. 국정 전반이 부패, 타락, 무능, 무책임 따위로 얼룩졌으니 나라의 기틀과 품격이 무너져 내린 건 당연한 결과겠지요.

이에 시민들은 가만히 있지 않았습니다. 거리로, 광장으로 쏟아져 나와 대통령 퇴진을 외쳤습니다. 연인원 1700만 명에 이르는 시민이 서울 광화문을 비롯해 전국 곳곳에서 다섯 달이 넘도록 줄기차게 촛불 집회를 열었습니다. 세계사에서 유례를 찾아볼 수 없는 경이로운 규모와 열기였지요. 나라를 결딴낸 대통령을 몰아낸 건 바로 이런 시민의 힘이었습니다.

물론 법이 정한 절차에 따라 형식적으로는 헌법재판소의 판결을 거치긴 했습니다. 하지만 그 판결을 이끌어 낸 실질적인 주체는 소수의 엘리트 법관이 아니라 시민이었습니다. 수많은 시민이 일구어 낸 거대한 촛불의 파도가 없었다면 막강한 힘을 지닌 최고 권력자를 무너뜨리는 것은 헛된 꿈에 지나지 않았을 테지요. 그러므로 헌법재판소의 탄핵 결정은 시민의 뜻을 대리한 것이며, 동시에 그것을 법적으로 재확인한 것이라고 할 수 있습니다. 그 뒤 대통령선거가 새롭게 치러졌고, 정권 교체가 이루어졌습니다. 그 결과 이른바 '민주정부'라 불리는 문재인 새 정부가 들어섰다는 것은 우리 모두가 알고 있는 사실입니다.

그런데, 이런 일련의 정치적 격변을 겪으면서 많은 사람이 중대한 의문을 품었습니다. 민주주의를 이룬 나라로 공인받는 우리 사회에서 국민이 직접 선거로 뽑은 대통령이 임기 도중에 쫓겨나는 사태가 벌어진 이유는 뭘까? 우리가 일구어 온 민주주의에 무슨 문제가 있는 건 아닐까? 우리가 오랫동안 당연한 것으로 여겨 온 기존 민주주의, 더 정확히 말하면 그동안 '민주주의'라 불려 온 것 자체에 어떤 깊은 결함이나 한계가 도사리고 있는 건 아닐까?

민주주의에 얽힌 질문들

마우스랜드 이야기와 쫓겨난 대통령 이야기는 서로 다른 이야기입니다. 하지만 두 가지 중요한 공통점이 있습니다. 하나는, 두 이야기 모두 민주주의라는 것이 오늘날 어떤 상태에 놓여 있는지를 보여 준다는 점입니다. 앞의 것은 우화로, 뒤의 것은 실제 사건으로 말입니다.

다른 하나는, 더 근본적인 차원에서 두 이야기 모두 '민주주의란 과연 무엇인가?'라는 물음을 던지고 있다는 점입니다.

사실, 민주주의라는 말이 어디서나 차고 넘치지만 민주주의란 과연 뭔가에 대해 진지하게 생각하는 사람은 그리 많지 않습니다. 그저 막연하게 우리는 민주주의 사회에서 살고 있는 것처럼 여길 때가 많지요. 과연 그럴까요? 우리는 공기나 물 없이는 한순간도 살 수 없습니다. 그럼에도 평소에 공기나 물의 소중함을 의식할 때는 거의 없습니다. 굳이 의식하지 않아도 우리 곁에 늘 존재하기 때문입니다. 혹시 민주주의도 이런 식으로 생각하는 게 아닐까요?

이제 이런 질문을 던질 필요가 있습니다. 누구나 자유롭게 투표하는 선거가 정기적으로 치러지면, 그래서 내 손으로 대통령, 국회의원, 시장 등을 뽑으면 그게 민주주의일까? 평화적이고 합법적으로 정권 교체가 이루어지면 그게 민주주의일까? 포악한 독재 정권이 국민을 맘대로 죽이거나 잡아가는 일이 없으면 그게 민주주의일까? 의사 결정이 다수결로 이루어지고 법치주의, 곧 '법의 지배'가 이루어지면 그게 민주주의일까? 평소 일상생활에서 자기가 하고 싶은 대로 그냥저냥 자유롭게 살아갈 수 있으면 그게 민주주의일까?

결론부터 말하겠습니다. 만약 이런 걸 민주주의라고 생각한다면 그것은 민주주의에 관한 착각이자 오해입니다. 민주주의에 대한 무지의 산물이기도 합니다. 물론 민주주의는 이런 것들을 포함합니다. 하지만 민주주의는 이보다 훨씬 더 깊고 넓습니다. 한층 더 다채롭고 복잡합니다.

왜 그토록 많은 사람이 민주주의의 제단에 피를 바쳤을까요? 왜 민주주의를 지지하고 옹호하는 것이 아무도 부정할 수 없는 상식이 됐을까요? 왜 많은 사람이 인류 역사의 고갱이를 민주주의를 향한 끝없는 여정이라고 규정할까요? 민주주의의 깃발에는 어째서 그렇게나 많은 기쁨과 슬픔, 희망과 절망, 고통과 환희, 영광과 치욕이 동시에 아로새겨져 있을까요?

질문은 이렇게도 이어집니다. 대체 민주주의는 왜 필요하고 소중할까요? '지금 여기'에서 민주주의 이야기를 꺼내는 이유와 의미는 뭘까요? 내 삶과 민주주의, 인간의 행복과 민주주의는 어떤 관계를 맺고 있을까요? 지금 우리 사회나 현대문명은 민주주의의 길을 올바로 걸어가고 있을까요? 만약 그렇지 않다면 문제는 무엇이며, 앞으로 해야 할 일은 뭘까요? 우리가 새롭게 만들어야 할 민주주의는 어떤 민주주의일까요?

너무 많은 질문이 한꺼번에 쏟아진 듯합니다. 하지만 이 질문들은 결국 하나로 모입니다. '민주주의란 무엇인가?'가 그것입니다. 이것을 제대로 이해하면 여러 질문에 대한 답을 자연스레 얻을 수 있습니다. 바로 이 '민주주의란 무엇인가?'라는 물음에 대한 답을 탐구하는 것이 이 책의 목적이자 핵심 내용입니다. 질문은 다양하지만 이야기의 초점은 여기에서 비롯해 다시 이것으로 갈무리될 것입니다.

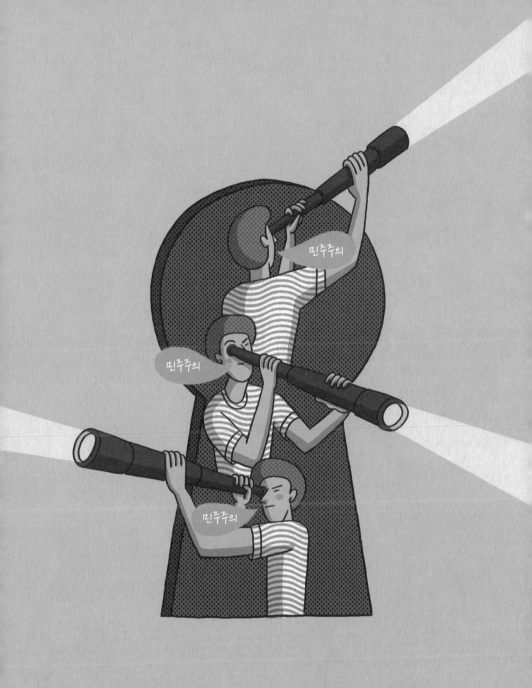

23

2 민주주의의 뿌리를 더듬어 보니

민주주의의 가장 드높은 정신이자 근본적 가치는 '스스로 다스림'입니다. 특히, 사회 구성원 모두가 동등한 권력의 주인이 되어 그 사회의 틀과 운영 원리를 스스로 만들고 실행하는 것이 민주주의입니다. 시민이 스스로 주권자, 입법자, 정치가가 되는 것. 세상을 다스리고 운영하는 권능을 시민 스스로 갖추고 행사하는 것. 그리하여 모두가 자기 삶에 영향을 미치는 일을 자기가 결정하는 것. 요컨대 자기 인생과 운명의 주인으로 살아가는 것. 이것이 민주주의입니다.

of the people, by the people, for the people

민주주의가 무엇인지를 알아보기 전에 먼저 얘기해 둘 게 있습니다. 민주주의의 개념을 명쾌하게 정의하기가 무척 어렵다는 점이 그것입니다. 무엇보다 민주주의가 지칭하는 것 자체가 단일하지 않습니다.

첫째, 민주주의는 제도를 뜻합니다. 좁게는 정치체제나 통치 형태, 권력 구조 등을 가리키지요. 좀 더 넓게는 경제나 사회 시스템 같은 것들 또한 제도로서의 민주주의 개념에 포함됩니다. 둘째, 민주주의는 사상, 철학, 정치 원리, 사회 운영 규범 등을 가리키는 말이기도 합니다. 셋째, 민주주의는 생활양식과 문화까지도 포괄합니다. 한 사회의 집단적 의식과 사람들이 살아가는 삶의 방식, 이와 관련된 삶의 윤리와 논리 같은 것들도 민주주의 개념에 포함된다는 얘기지요.

제도와 시스템으로서 민주주의, 사상과 정치 원리로서 민주주의, 삶과 문화로서 민주주의…. 민주주의는 이 모든 차원을 두루 아우릅니다. 민주주의는 여러 개의 '얼굴'을 지닌 복합적이고도 폭넓은 개념입니다. 민주주의는 다양한 모습으로 존재하고, 다양한 형태로 드러나며, 다양한 방식으로 작동합니다. 그런 만큼 민주주의는 본질적으로 역동적이고 입체적입니다. 그래서 예를 들면, 민주주의를 정치제도나 통치 체제를 가리키는 개념 정도로만 좁게 이해하면 민주주의를 둘러싼 '많은 것'을 놓치게 됩니다. 민주주의를 잘못 이해하게 될 수도 있고요. 민주주의라는 말을 경직된 하나의 틀에 가두는 게 아니라 맥락이나 상황에 맞추어 유연하게 사용할 줄 알아야 하는 이유가 여기에 있습니다.

　그래서입니다. 민주주의의 본래 의미를 정확하게 아는 게 중요합니다. 민주주의가 지닌 서로 다른 '얼굴들'의 바탕에 공통으로 깔린 민주주의의 '알짜'를 아는 것이야말로 민주주의를 온전히 이해하기 위한 근본 전제이기 때문입니다. 또한 그래야만 민주주의의 다채로운 면모나 속성들을 일목요연하게 한 줄에 꿸 수 있기 때문입니다.

　일반적으로 민주주의의 의미를 논의할 때 밑바탕으로 삼는 것은 민주주의의 영어 단어인 'democracy'의 어원 이야기입니다. 널리 알려진 얘기이지만 대단히 중요한 내용을 담고 있으므로 여기서 다시 한번 명확하게 짚고 넘어가겠습니다.

　'democracy'는 그리스어 '데모스(demos)'와 '크라티아(kratia)'의 합성어인 '데모크라티아(demokratia)'에서 유래한 말입니다. 여기서 데모스는 다수의 사람들, 곧 인민, 민중, 대중 등을 뜻합니다. 요즘 많이 쓰는 말로는 시민을 가리킨다고 할 수 있습니다.❶ 크라티아는 지배나 통치를 의미합니다. 그런데 크라티아는 힘 또는 권력을 뜻하는 '크라토스(kratos)'에서 나온 말입니다. 정리하면 이렇게 됩니다. 민주주의란 '시민의 힘과 권력' 혹은 '그 힘과 권력을 바탕으로 한 시민 스스로의 지배', 곧 '시민의 자기 지배(자기 통치)'를 뜻합니다. 민주주의의 한자어 또한 다르지 않습니다. '민주(民主)'는 '민(民)'이 '주인(主人)'이라는 뜻이니까요. 시민이 권력의 주인이 되어 스스로를 다스리는 것, 바로 이것이 어원에 따른 민주주의의 본래 의미입니다.

　민주주의의 의미를 잘 새길 수 있는 또 하나의 대표적인 표현이 있습니다. 미국 16대 대통령 에이브러햄 링컨이 1863년 남북전쟁 당시 게티즈버그 전투에서 죽어 간 병사들에게 바친 추모 연설의 한 대목이 그것입니다. 널리 알려진 "인민의, 인민에 의한, 인민을 위한(of the people, by the people, for the people)" 통치(정부)라는 구절이지요. 민주주의란 인민, 곧 시민이 자신을 위해 정부(통치 권력)를 세워 스스로 다스린다는 말입니다.

이 얘기를 조금 더 자세히 살펴보겠습니다. 첫째, 민주주의에서 정치권력의 주인은 시민 자신입니다. 'of the people'이지요. 흔히 주권재민이나 시민주권, 인민주권, 국민주권 등으로 불리는 것이 이것입니다. '국가의 의사를 최종적으로 결정하는 권력'을 뜻하는 주권이 시민에게 있다는 뜻입니다. 둘째, 이런 정치권력을 시민이 단지 소유할 뿐만 아니라 시민 스스로 행사하는 것이 민주주의입니다. 'by the

---

❶ 민주주의나 정치의 주체를 가리키는 말은 다양하다. 국민, 인민, 민중, 시민 등이 대표적이다. 이 각각의 용어는 조금씩 다른 의미를 지닌다. '국민'은 특정 국가에 소속되어 그 국가를 구성하는 사람이다. 국가라는 것이 전제되는 개념으로, 어떤 사람의 정체성을 규정할 때 국가를 앞세운다. 뜻하는 바가 좁고 얕다. 데모스의 본래 뜻에도 부합하지 않는다. '인민'은 사람들 사이에 위계 따위가 없는 일반 대중을 뜻한다. 영어의 'people'에 딱 들어맞는 말이다. 한마디로 '사람들' 자체를 가리킨다. '민중'은 국가나 사회를 구성하는 일반 국민을 가리키기도 하지만, 대개는 지배 계급에 대응하는 피지배 계급으로서 일반 대중이라는 뜻을 좀 더 강하게 지닌다. 오늘날 널리 쓰이는 '시민'은 본래 근대 민주주의와 근대 자본주의 국가가 형성되는 시기에 특수한 역사적 과정을 거치면서 만들어진 개념이다. 이에 관한 보다 상세한 설명은 뒤에서 만나게 될 것이다. 이들 가운데 민주주의 논의에 가장 잘 어울리는 것은 '인민'이라고 여겨진다. 가장 보편적이고 포괄적인 뜻을 품고 있어서다. 하지만 이 용어는 북한을 비롯해 사회주의권에서 널리 쓰는 바람에 반공의식이 깊이 뿌리내린 분단국가인 우리 사회에서는 낯설게 받아들여지는 경향이 있다. 심지어는 불온한 용어라고 생각하는 사람들도 있다. 분단과 낡은 이념 탓에 좋은 말이 널리 쓰이지 못하니 안타까운 일이다. 이에 요즘은 데모스를 '시민'으로 표현하는 게 무난하다는 의견이 높은 편이다. 방금 말했듯이 근대 자본주의 사회의 역사적 특성을 반영하는 데다, 사람이 지닌 집단성과 개별성을 두루 포괄하며, '국민'과는 달리 국가 이외 단위에도 적용할 수 있는 폭넓은 의미를 품고 있어서다. 이 책에서는 '시민'이라는 말을 주로 쓰되, 글의 맥락이나 흐름에 따라 다른 용어도 곁들여 쓰기로 한다.

2. 민주주의의 뿌리를 더듬어 보니

people'이지요. 이 원칙에 따르면 시민은 자기가 직접 권력을 행사하거나, 이렇게 하기가 어려울 때에는 대표자를 뽑아서 간접적인 방식으로 권력을 행사하게 됩니다. 잘 알다시피 앞의 것을 직접민주주의라 하고 뒤의 것을 간접민주주의라 하지요. 중요한 것은, 어느 쪽이든 사람들이 스스로를 다스리는 것, 곧 '자치(自治)'가 민주주의의 본질이라는 점입니다. 셋째, 그러므로 민주주의는 시민 스스로를 위한, 다시 말하면 바로 우리 자신의 행복한 삶을 위한 것입니다. 'for the peo-ple'이지요.

스스로 다스린다는 건 뭘까?

시민이 권력의 주인이 되어 스스로를 다스린다는 건 구체적으로 무엇을 뜻할까요? 실제 현실에서 이것은 어떻게 이루어질까요?

예를 들어 보겠습니다. 서울 마포구에 가면 성미산 마을이라는 유명한 마을 공동체가 있습니다. 여기서 이런 일이 있었습니다. 어느 날, 서울시가 갑자기 성미산 꼭대기 부근에 대규모 배수지를 건설하겠다고 나섰습니다. 성미산은 이 마을 사람들에게 아주 소중한 공간이었습니다. 산책과 운동을 즐기는 휴식 공간이기도 했고, 아이들의 놀이터이자 학습 장소이기도 했고, 갖가지 행사나 모임이 열리는 어울림의 마당이기도 했습니다. 이런 곳이 그만 정부가 밀어붙이는 개발 사업 탓에 파괴될 위험에 처한 거지요. 이에 마을 사람들은 하나로 뭉쳐 맞서 싸웠습니다. 그것도 무려 3년 동안이나 말입니다. 힘겨운 싸움이었지만 결국 서울시는 개발 계획을 포기했습니다. 평범한 마을 사람들이 서울시라는 거대 권력에 맞서 싸워 승리를 거둔 거지요. 이일을 계기로 성미산 마을은 더욱 활기찬 마을 공동체로 발전할 수 있었습니다.

성미산이 망가진다는 건 마을 사람들에게 자신들의 소중한 삶터가 파괴되는 것과 마찬가지였습니다. 내 삶에 중대하고도 심각한 위기가 들이닥친 거지요. 나와 우리 가족, 이웃들이 누려 온 일상의 행복과 평화가 부당하게 침해당할 처지에 놓인 겁니다. 하지만 이곳 사람들은 힘과 지혜를 모아 위기를 이겨 냈습니다. 자기 삶의 당당한 주인이 되어 자기에게 닥친 문제를 스스로 해결한 거지요. 그들은 자기들 삶과 생활에 영향을 미치는 일이 생겼을 때 그것에 무관심하지 않았습니다. 피하지 않았습니다. 함께 참여하고 공동으로 노력해 문제를 해결했습니다. 내 삶과 관련된 일을 내가 스스로 결정하는 것. 스스로 다스린다는 건 이런 것입니다.

강원도 원주에서는 시민이 만든 협동조합들이 주도하여 학교 급식 조례, 친환경 농업 지원·육성 조례, 보육 조례 등을 만든 적이 있습니다. 조례란 지방자치단체가 만드는 법과 규정을 말합니다. 그러니까, 시민들이 자신들의 생활과 밀접한 관계가 있는 아이들 급식, 먹거리, 보육 문제 등에 관한 법과 규정을 스스로 나서서 만들었다는 얘기지요. 내 삶에 영향을 미치는 세상의 틀과 질서를 내 손으로 만드는 것. 스스로 다스린다는 건 이런 것입니다.

이런 일들이 좀 더 넓게 퍼져 나가면 어떻게 될까요? 우리는 권력자, 정치인, 관료, 전문가 등으로 이루어지는 소수의 엘리트 세력이 사회적으로 중대한 의사 결정을 독점하다시피 하는 현실에 깊이 길들어 있습니다. 하지만 이런 상상을 해 봅시다. 한 나라의 근본법이자 최고 규범인 헌법을 일반 시민이 만든다면? 보통 사람들의 삶에 큰 영향을 미치는 정책을 일반 시민이 결정한다면? 어떤 지역의 정부 예산을 어떻게 쓸지를 그 지역 주민들이 직접 결정한다면? 그렇습니다. 스스로 다스린다는 건 이런 것이고, 민주주의는 이럴 때 이루어집니다.

이에 견주어 신분제도가 지배하던 옛날은 어땠을까요? 태어나는 순간부터 자신의 뜻과는 아무 상관도 없이 단지 핏줄에 따라 신분이 정해지는 게 신분제도입니다. 어떤 사람이 왕족이나 귀족의 자식으로 태어난다면 그 사람이 아무리 무능하고 형편없는 사람이라 해도 평생 부와 권력을 누립니다. 반대로, 어떤 사람이 노비 같은 천민의 자식으로 태어난다면 그 사람이 아무리 재능이 뛰어나고 피눈물 나는 노력을 기울여도 평생 노예의 굴레에서 벗어날 수 없습니다. 신분제 아래에서는 자기 삶과 운명을 자신의 뜻대로 개척할 수 없습니다. 사람의 주체성과 자율성을 뿌리째 빼앗아 '노예'의 삶을 강요하는 것이 신분제도입니다. 민주주의의 가장 큰 적이지요.

식민지 백성의 처지는 또 어떤가요? 주권을 빼앗긴 식민지에서는 나라를 국민의 뜻대로 운영할 수 없을 뿐만 아니라 각 개인들 또한 자기 뜻대로 자신을 발전시키기 어렵습니다. 신분제 아래서와 마찬가지로 자기 삶과 운명을 자신의 의지대로 이끌어 나갈 수 없습니다. 이 또한 민주주의의 가장 큰 적이 아닐 수 없습니다.

한 번 더 강조합니다. 민주주의의 가장 드높은 정신이자 근본적 가치는 '스스로 다스림'입니다. 특히, 사회 구성원 모두가 동등한 권력의 주인이 되어 그 사회의 틀과 운영 원리를 스스로 만들고 실행하는 것이 민주주의입니다. 시민이 스스로 주권자, 입법자, 정치가가 되는 것. 세상을 다스리고 운영하는 권능을 시민 스스로 갖추고 행사하는 것. 그리하여 모두가 자기 삶에 영향을 미치는 일을 자기가 결정하는 (또는 적어도 그 결정 과정에 주체로서 참여하는) 것. 요컨대 자기 인생과 운명의 주인으로 살아가는 것. 이것이 민주주의입니다.

좀 전에 민주주의는 여러 차원의 '얼굴'을 지닌다고 했습니다. 그래서 민주주의의 정신과 가치는 제도로도, 사상으로도, 생활양식으로도

모두 구현할 수 있습니다. 즉, 어떤 정치체제나 권력 구조 등이 민주주의의 정신과 가치를 제대로 구현한다면 그것은 제도 또는 시스템으로서 민주주의입니다. 어떤 정치 원리나 사회 운영 논리 등이 그러하다면 그것은 사상 또는 규범으로서 민주주의입니다. 어떤 삶의 방식이나 태도가 그러하다면 그것은 생활양식 또는 문화로서 민주주의입니다.

우리는 이 모든 것을 민주주의라 일컫습니다. 이 모든 것이 민주주의의 실체를 구성합니다. 그래서 민주주의라는 말은 맥락이나 상황에 따라 다양하게 쓰입니다. 예를 들어 민주주의의 정신과 가치를 이루려는 사회적 움직임이 일어난다면 이것이 민주화 운동이요 민주주의 투쟁입니다. 이 과정에서 근본적이고도 전면적인 사회 변혁이 이루어진다면 이것이 민주주의 혁명입니다. 일상의 대화, 일 처리, 인간관계 등에서 모두가 자기 삶의 주체라는 민주주의의 본뜻에 걸맞게 공적인 참여 활동, 차이와 다양성의 존중, 배려와 관용 같은 덕목을 잘 실천한다면 이것이 민주주의 생활이자 민주적 삶입니다. 이렇게 사는 사람이 민주주의자 또는 민주 시민입니다. 물론 보통의 용법으로는 이런 여러 차원의 민주주의를 일일이 구분하기보다는 포괄적으로 뭉뚱그려 민주주의라고 할 때가 많습니다. 예를 들어 "이 나라는 민주주의 선진국이야"라고 한다면, 이때의 민주주의는 권력의 통치 방식과 정치 시스템, 각 분야의 법과 제도, 사회적 시민 의식과 시민들의 생활 문화 등을 두루 아우르는 의미를 지니지요. 이런 다면성이 서로 뒤섞이고 어우러질 때 민주주의의 숲은 더욱 풍요로워집니다.

민주주의는 왜 소중할까?

민주주의가 소중한 이유는 단지 그것이 좋은 것이어서가 아닙니다. 한마디로 말하면, 민주주의 없이는 '인간'이 될 수 없기 때문입니다. 방금 말한 신분제도가 이것을 잘 보여 줍니다.

민주주의 역사에서 현대 민주주의의 출발점으로 꼽히는 사건은 1789년의 프랑스혁명입니다. 왜 그럴까요? 프랑스혁명을 상징하는 사건은 국왕 처형입니다. 당시 혁명 주도 세력과 프랑스 민중은 국왕을 광장으로 끌어내어 그의 목을 베었습니다. 국왕은 봉건적 신분제도의 최고 정점입니다. 그러므로 국왕의 목을 베었다는 것은 그가 표상하는 신분제도를 깨부쉈다는 걸 뜻합니다. 언급했듯이, 신분제도를 철폐했다는 것은 '노예의 삶'에서 벗어나 '주인의 삶'을 살기 시작했다는 것을 의미합니다. 내 삶과 운명을 내가 결정하는, 곧 스스로가 스스로를 다스리는 '인간 해방'의 문이 열렸다는 얘기지요. 프랑스혁명이 현대 민주주의의 서막을 열었다고 평가되는 것은 이런 이유에서입니다. 이 이야기는 민주주의 없이는 사람이 사람답게 살 수 없다는 사실을 일깨워 줍니다. 민주주의가 소중한 가장 핵심적인 까닭이지요.

덧붙여 이런 얘기도 할 수 있겠네요. 옛날 신분제도는 모든 사람의 삶을 가장 강력하고도 원천적으로 규정하는 요소였습니다. 대다수 사람이 그것을 당연하다고 여겼습니다. 그러니 그것을 없앤 것이 민주주의라는 것은 이 세상의 가장 지배적인 질서와 생각을 바꾼 것이 민주주의라는 말과 다르지 않습니다. 인류 역사를 민주주의의 여정이라고 일컫는 데에는 다 그럴 만한 근거가 있는 거지요. 물론 경제적 생산력, 학문과 지식, 과학기술, 문화예술 등의 발전도 인류가 이룩한 위대한 성취입니다. 이런 것들 또한 인류 역사와 우리 삶을 크게 바꾸었습니다. 그럼에도 우리는 민주주의 발전에 보다 각별한 의미를 부여합니다. 민주주의가 일으키는 변화는 무엇보다 삶의 의미나 가치와 직결되기 때문입니다. 인간다운 삶과 가장 거리가 먼 것이 노예의 삶입니다. 민주주의 없는 삶이지요. 다시 말하면 민주주의야말로 인간다운 삶을 누릴 수 있는 가장 근원적인 밑바탕이라고 할 수 있다는 얘깁니다.

자, 그런데 문제가 있습니다. 민주주의의 본령인 '스스로 다스림'을 실제 현실에서 이루어 내기란 무척이나 힘들다는 게 그것입니다. 그 이유는 쉽게 짐작할 수 있습니다. 오늘날 정도의 차이는 있지만 어느 나라든 영토도 넓고 인구도 많습니다. 사회는 엄청나게 거대하고 복잡해졌습니다. 더군다나 맹렬한 속도와 기세로 세상이 변하고 있습니다. 이런 상황에서 어떻게 하면 '시민의 자기 통치'를 이루어 낼 수 있을까요? 어떻게 하면 그 많은 사람이 모여서 직접 뭔가를 의논하고 합의하고 결정을 내리는 방법을 쉽게 찾을 수 있을까요?

그래서 학자들은 이런 식의 얘기를 하곤 합니다. "민주주의가 뜻하는 바는 우리가 우리 자신을 직접 다스린다는 게 아니다. 우리가 민주주의를 얘기할 때 실제로 염두에 두고 있는 것은 국가가, 또는 우리 삶을 강력하게 규정하는 통치나 권력이 그 정당성을 우리한테서 끌어낸다는 점이다. 그리고 그 정당성을 계속 유지하도록 강제할 수 있는 기회와 힘을 우리가 갖고 있다는 점이다."

여기서 말하는 정당성은 정기적으로 치러지는 선거를 통해 확보되고 유지됩니다. 그 결과 대통령이든 국회의원이든 시장이든 그 누구든 선거에서 뽑힌 소수의 대표자가 절대다수인 일반 시민을 대신해서 권력을 행사하게 되지요. 이것이 대의민주주의입니다. 간접민주주의의 한 종류로서, 오늘날 대부분의 나라에서 볼 수 있는 민주주의 형태지요.

하지만 이런 방식으로 지탱해 온 현대 민주주의는 오늘날 심각하게 흔들리고 있습니다. 인류가 맞닥뜨린 수많은 문제와 위기 앞에서 무기력하고 무능합니다. 고장 난 민주주의 탓에 문제나 위기가 더 악화되고 있다는 지적도 종종 나옵니다. 이와 맞물려 정치(인)에 대한 불신과 냉소 또한 갈수록 깊어지고 있습니다.❷

왜 이렇게 됐을까요? 기존 민주주의는 구체적으로 어떤 문제와 한계를 안고 있을까요? 방금 살펴봤던 민주주의의 본래 이상을 구현할 수 있는 길은 뭘까요? 오늘날 민주주의를 둘러싼 이론과 실천에서 가장 뜨거운 쟁점인 이들 문제에 대해서는 뒤에서 집중적으로 살펴볼 것입니다.

---

❷ 정치의 개념은 다양하게 정의된다. 좁게는 나라를 다스리는 일 또는 권력을 획득·유지·행사하는 활동을 가리킨다. 하지만 일반적으로는 더 폭넓게 정의된다. 사회 구성원들의 이해관계를 조정하는 활동, 사회적으로 희소한 자원이나 가치를 배분하는 활동 등과 같은 설명이 그것이다. 대체로 자원이나 가치 배분을 둘러싸고 일어나는 대립과 갈등을 조절하고 통합하는 활동을 뜻할 때가 많다. 이런 견해에 따르면, 정치가 필요한 까닭은 인간의 욕구는 무한한 데 반해 자원이나 가치는 유한하기 때문이다. 사람들은 한정된 자원이나 가치를 서로 많이 차지하려고 다투기 마련이므로 이를 적절하게 조정·중재하는 장치가 없으면 안 된다는 것이다. 여기서 정치의 핵심 구실은 대화와 타협을 통해 갈등이나 분쟁을 해결하는 것, 서로 다른 의견이나 이해관계를 조정하는 것이다. 이런 개념 설명에서도 짐작할 수 있듯이 정치와 민주주의는 늘 짝을 이룬다. 정치의 살과 뼈와 피를 이루는 게 민주주의다. 그래서 민주주의의 수준이 어떤가에 따라 정치의 내용과 방식이 달라진다. 수준 높은 민주주의는 훌륭한 정치를 낳는다. 마찬가지로 정치가 건강할수록 민주주의는 튼실해진다. 민주주의와 정치는 공동 운명체다.

3 민주주의를 둘러싼 쟁점들

민주주의가 행복, 평화, 번영, 성공 등을 자동으로 보장해 주지는 않습니다. 어떤 민주주의를 가꾸어 나갈지, 민주주의와 어떻게 함께 살지, 민주주의로 무엇을 하며 어떤 삶과 세상을 만들지는 오롯이 우리가 어떻게 하느냐에 달렸습니다. 민주주의에는 고정불변의 정답이나 최종적인 모범 답안이 없습니다. 생성과 변화, 다양성과 역동성, 이것이 민주주의의 핵심 특성입니다. 민주주의는 '가능성'입니다. '답변'이 아니라 끝없는 '질문'입니다.

민주주의는 수단일까 목적일까?

'민주주의란 무엇인가?'에 대한 답을 찾아가는 과정에서 반드시 거쳐야 할 관문은 민주주의를 둘러싼 논쟁입니다. 어떤 주제든 그것을 둘러싼 논쟁을 들여다볼 때 그 주제에 관한 이해가 깊어진다는 건 상식입니다. 민주주의 이야기도 마찬가지입니다. 민주주의에는 수많은 논란거리가 얽혀 있습니다. 먼저 짚어 볼 것은 '민주주의는 수단일까, 아니면 목적일까?' 하는 점입니다. 이것은 민주주의의 참 의미를 되새긴다는 측면에서도 매우 중요한 쟁점입니다.

사실 주변을 둘러보면 민주주의를 수단이나 절차, 방법 같은 것으로 이해하는 사람들이 없지 않습니다. 그러나 앞질러 말하자면 민주주의는 그런 게 아닙니다. 민주주의는 어떤 다른 목적을 위해 존재하는 게 아닙니다. 민주주의는 자기 인생의 주인으로서 인간답게 살고자 하는 모든 사람의 꿈과 지혜와 의지가 아로새겨진 정치적 이상이자 공동체적 규범이며 삶의 논리입니다. 민주주의는 그 자체로서 고유한 의미와 가치를 지닙니다.

민주주의가 어떤 문제를 해결하거나 특정 목적을 이루는 데 필요한 수단과 절차라고 한다면 어떤 일이 벌어질까요? 문제를 해결하고 목적을 이루는 데 더 효율적이고 간편한 방법이 있다면 민주주의는 쓸모없는 것으로 여겨지지 않을까요?

이것은 괜한 우려도 아니고 근거 없는 추측도 아닙니다. 수많은 독재자가 민주주의를 억압하면서 가장 즐겨 내세우는 구실이 경제성장과 안보입니다. 그들은 일쑤 이렇게 주장합니다. "민주주의는 경제성장을 추진하는 데 거추장스럽고 비효율적이다. 경제성장을 이룰 때까지는 민주주의를 좀 미뤄도 된다." "국가 안보를 위해서는 사회 안정과 질서가 필수적이다. 국론이 분열되고 사회가 혼란스러워지면 안 된다. 민주주의는 좀 제약해도 된다." 그러면서 그들은 독재를 합리화합니다.

웃기는 소리입니다. 민주주의를 그런 식으로 취급한다면 그 순간부터 그것은 민주주의라고 할 수 없습니다. 우리는 민주주의 속에서, 그리고 민주주의를 통해서 인간의 존엄성을 표현하고 확인합니다. 강조했듯이 인간의 '인간다움'은 민주주의와 함께 이루어질 수 있습니다. 민주주의는 인류가 고안해 낸 여러 정치 원리나 형태 가운데 적어도 아직까지는 가장 결함이 적다고 평가받습니다. 뿐만 아니라 자유와 평등 같은 인간의 소중한 열망을 이룰 수 있는 유일한 정치적 틀로 받아들여집니다. 비록 완벽하지는 않더라도 말입니다. 그래서 좀 단순하게 말하면 민주주의를 포기한다는 것은 인간이기를 그만둔다는 것과 크게 다르지 않습니다.

민주주의는 경제성장이나 안보 등과 같은 다른 목적을 위해 미루거나 내려놓을 수 있는 게 아닙니다. 민주주의는 그 자체로서 목적입니다. 민주주의는 그 자체로서 절대적이고도 고유한 가치를 지닙니다.

민주주의는 끝이 있을까?

민주주의의 참뜻을 환기한다는 점에서 민주주의에 '끝'이란 게 있을까, 라는 질문도 중요하게 따져 봐야 할 문제입니다. 민주주의는 언제든 자신의 원리와 이상에 걸맞은 완벽하고도 최종적인 경지에 도달할 수 있는 걸까요? 좋은 일인지 나쁜 일인지 모르겠지만 민주주의는 그렇지 않습니다. 민주주의는 완성된 형태로 존재하지 않습니다. 아니, 존재할 수 없습니다. 민주주의는 '종착역' 없는 끝없는 길입니다. '영원한 과정'이지요. 완성할 순 없지만 완성을 향해 끊임없이 나아가는 것, 그 과정에서 늘 새롭게 거듭나면서 진화하는 것이 민주주의입니다.

민주주의는 고여 있지 않습니다. 늘 흐릅니다. 붙박여 있지 않습니다. 끊임없이 움직입니다. 때문에 민주주의는 때때로 흔들리기도 하고 뒷걸음질하기도 합니다. 심지어는 어이없이 무너지기도 합니다. 그러면서도 또다시 일어나 새롭게 나아갑니다. 민주주의는 이런 과정을 되풀이하면서 오늘 여기까지 왔습니다. 그래서 이를테면 독재 정권이 물러나거나 때마다 자유로운 선거로 통치자를 뽑는다고 해서 민주주의를 이룩했다고 여기는 건 짧은 생각입니다. 이런 것들은 민주주의의 끝없는 여정에서 거치게 되는 하나의 단계 혹은 국면입니다.

민주주의의 이런 속성은 멀리 갈 것도 없이 우리나라의 민주주의 역사를 간략하게 되돌아보아도 잘 알 수 있습니다.

첫 번째 대통령이었던 이승만은 독재와 부패를 일삼고 장기 집권을 위해 부정선거를 저질렀습니다. 이에 1960년 분노한 시민들이 들고일어나 이승만 독재 정권을 무너뜨린 것이 4·19혁명입니다. 이승만은 대통령 자리에서 물러나 외국으로 망명을 떠날 수밖에 없었습니다. 그렇다면 민주주의가 이루어졌을까요? 아닙니다. 민주주의를 향한 기대와 소망은 금세 꺾이고 맙니다.

혁명 뒤 새 정부가 들어섰지만 사회는 혼란스러웠고, 이를 틈타 1961년에 5·16 군사 쿠데타가 일어났습니다. 무력을 동원해 권좌에 오른 독재자 박정희는 이후 18년 동안이나 절대 권력을 휘두르면서 이 나라의 민주주의를 짓밟았습니다. 특히 악명 높은 것은 1972년에 선포된 유신헌법입니다. 국민이 대통령을 직접 뽑는 대통령 직선제를 없앤 것을 비롯해 나라 전체를 '민주주의의 무덤'으로 몰아넣은 악법 중의 악법이지요. 이에 시민 저항과 민주화 운동이 거세게 불타올랐고, 그러던 와중이던 1979년 10월 26일 박정희는 자기 부하의 총에 맞아 죽고 맙니다. 독재자의 비참한 최후였지요.

독재자가 사라졌으니 이제야말로 새로운 시대가 열렸을까요? 아닙니다. 그 직후 또다시 쿠데타가 일어났습니다. 우리 사회의 민주화 열망은 다시 한 번 짓밟혔습니다. 수많은 시민이 참혹하게 희생당한 1980년의 광주항쟁이 이를 상징하지요. 무차별 양민 학살이라는 만행을 저지르면서 권력을 움켜쥔 전두환 군사독재 세력은 또다시 이 나라를 캄캄한 압제의 밤으로 몰아넣었습니다. 하지만 극심한 탄압 속에서도 시민 저항의 불길은 또다시 타오르기 시작합니다. 그 절정이 바로 1987년 6월항쟁입니다. 당시 수많은 시민이 전국 곳곳의 거리로 쏟아져 나와 독재 타도와 대통령 직선제 개헌을 한목소리로 외쳤더랬지요. 이것이 결정적인 전환점이 되어 우리 사회는 시나브로 민주화의 길로 들어서게 됩니다. 우리 국민이 다시 자기 손으로 대통령을 직접 뽑게 된 것 또한 이때부터입니다. 6월항쟁의 성과로 1987년 말에 실시된 대통령 직접 선거가 그것입니다.

하지만 이때조차도 쿠데타의 주역 가운데 한 사람인 노태우가 대통령에 당선되고 맙니다. 민주화 운동을 벌였던 김대중과 김영삼이라는 대표적인 두 정치지도자와 이들을 따르던 정치세력이 분열하면서 이 두 사람이 제각기 후보로 출마하는 바람에 시민들의 표가 분산되었지요. 군사독재의 후예인 노태우로서는 어부지리를 얻은 셈입니다. 그리하여 우리 사회 민주주의는 다시 한 번 비틀거렸습니다. 하지만 이렇게 숱한 우여곡절과 시행착오를 겪으면서도 더디나마 큰 틀에서는 민주화 흐름이 계속 이어졌습니다. 그 과정에서 1998년부터 2008년까지 10년 동안은 김대중과 노무현 대통령의 이른바 '민주정부' 시절을 거쳤고, 그 뒤엔 이명박과 박근혜 대통령의 보수정부가 차례로 들어섰습니다.

박근혜 정부가 어떻게 몰락했고 문재인 새 정부가 어떻게 출범하게 됐는지에 대해서는 앞에서 설명했습니다. 다시금 확인할 것은, 지난 2017년에 이루어진 정권 교체는 '촛불 시민혁명'의 산물이라는 점입니다. 권력자들이 사익을 추구하느라 여념이 없었던 이명박, 박근혜 두 정부를 거치면서 우리 사회의 민주주의가 크게 퇴보했지만, 그 민주주의를 새롭게 소생시킨 원동력은 시민에게서 나왔습니다. 이것

은 이후 우리 사회 민주주의의 진로에도 시사하는 바가 크다는 점에서 중요한 의미를 지닙니다.

우리나라 민주주의가 걸어온 길의 간략한 정치사적 줄거리가 이러합니다. 어둠을 뚫고 새벽이 밝아 오는가 했더니 다시 어둠이 덮치고 그 어둠을 또다시 몰아내는 일이 되풀이돼 왔습니다. 민주주의가 본래 이러합니다. 그러므로 이제 깊이 되새겨야 할 사실이 있습니다. 민주주의는 그것을 이루거나 지키기 위해 열심히 싸운 사람들만이 누릴 수 있는 '특권'이자 '축복'이라는 점이 그것입니다. 민주주의가 그저 이루어지거나 '위'로부터 주어진 적은 인류 역사에서 단 한 번도 없습니다. 노력이나 희생 없이 지켜지거나 저절로 발전한 적 또한 없습니다.

민주주의의 속성이 이러하기에 시민의 관심과 참여가 없으면 민주주의는 언제든 뒷걸음질 치기 마련입니다. 이 정도면 민주주의가 탄탄하게 뿌리내렸다고 방심하는 순간 변질하거나 타락하기 시작할 수도 있습니다. 이처럼 흔들리고 기우뚱거리며 끝없는 길을 걸어가는 게 민주주의의 운명입니다.

민주주의는 '다수의 지배'일까?

또 하나의 뜨거운 쟁점은 다수와 소수의 관계를 어떻게 볼 것인가 하는 것입니다. 흔히 민주주의는 '다수의 지배'라 불리곤 합니다. 사회 구성원의 대다수를 차지하는 일반 시민이 스스로를 통치하는 것이 민주주의의 본뜻이므로 이것은 맞는 말입니다. 민주주의 사회에서 권력의 지배나 공적인 결정은 대체로 다수결 원칙을 따릅니다. 사실 다수의 의사가 가장 높은 정당성과 권위를 갖는다는 건 상식에 속하는 일이지요. 하지만 여기에는 만만찮은 논란거리들이 담겨 있습니다.

먼저 이런 의문을 던질 수 있습니다. 많은 사람의 의견이라고 해서 그게 꼭 옳은 것일까? 찬성하는 사람의 숫자가 많으면 그 의견이 자동으로 옳은 것 또는 좋은 것이 될 수 있을까? 만약에 '숫자의 많고 적음'으로 모든 걸 결정하는 것을 민주주의라고 한다면 그 결정이 그 사회를 지배하는 주류 관념, 주류 시스템, 주류 이해관계를 쉽게 넘어서기 힘들 것입니다. 다시 말해, 이런 게 민주주의라면 늘 기존 체제나 기득권 질서를 옹호하는 결과를 낳을 가능성이 높겠지요. 게다가 따지고 보면, 다수냐 소수냐 하는 것도 사실은 '양적'인 개념이라기보다는 '질적'인 개념에 가깝다고 할 수 있습니다. 한 사회의 가치관이나 여론을 지배하는 주류 잣대가 무엇이냐에 따라, 달리 말하면 지배-종속의 권력관계에 따라 다수냐 소수냐가 갈리기도 하기 때문입니다.

이를테면, 서구 사회의 경우 전통적으로 백인, 남성, 기독교도, 중산층 등이 그런 잣대라고 할 수 있습니다. 이런 잣대에 들어맞는 사람

43

들이 설사 숫자로는 다수가 아니라 해도 그 사회의 주류, 곧 지배세력을 이루기 마련입니다. 이들이 핵심 권력을 장악하고 있고, 그 권력을 이용해 자신들에게 유리한 질서와 체제 혹은 관념을 만들어 내고 또 퍼뜨리기 때문이지요. 인종차별로 악명 높았던 옛날 남아프리카공화국 사례도 다르지 않습니다. 이 나라는 전체 인구의 80퍼센트에 이르는 압도적 다수가 흑인입니다. 하지만 이들은 오랫동안 소수에 불과한 백인 지배계급의 혹독한 압제와 차별에 시달려야만 했습니다. 양적으로는 흑인이 다수였지만 질적으로는 백인이 다수였던 셈이지요.

이처럼 다수가 권력을 만들기도 하지만 거꾸로 권력이 다수를 만들기도 합니다. 얼핏 겉으로는 '숫자'가 다수냐 소수냐를 판가름하는 기준인 것처럼 보입니다. 하지만 실질적인 기준은 권력일 때가 많습니다. 숫자로서의 다수에는 이런 함정이 숨어 있습니다. 이런 현실에 맞

서는 것이 민주주의입니다. 민주주의는 무작정 '다수의 지배'를 받아들이지 않습니다. 민주주의는 오히려 소수자와 약자를 위하는 데서 자신의 온전한 빛을 내뿜을 때가 많습니다.

가부장적 권력 체제와 남성 중심 문화 아래서 억압과 차별을 강요당해 온 여성. 형편없는 대우, 불안정한 신분, 사회적 냉대에 시달리는 비정규직 노동자. 농업과 농촌이 무너지는 현실에서도 땅을 부여안고 농사를 짓는 농민. 국가와 자본이 주도하는 재개발 사업으로 삶터에서 강제로 쫓겨나는 도시 빈민. 능력과 의지를 갖추고 있음에도 일자리를 구하지 못해 거리를 떠도는 젊은이. 바로 이런 사람들이 자기 목소리를 낼 때 민주주의는 시작됩니다. 뿐만이 아닙니다. 장애인, 노인, 아이들, 외국인 이주 노동자, 결혼 이주 여성, 한부모 가정(미혼모 또는 미혼부와 그 자녀), 난민, 동성애자를 비롯한 성소수자 등도 마찬가지입니다. 이들과 같은 정치적·사회경제적·생물학적 약자들이 자신의 자리와 자기 몫의 권리를 주장하고 나설 때 민주주의는 시작됩니다.

대개 한 사회를 주물럭거리는 주류 집단일수록 소수자와 약자들을 뭔가 비정상적이고 열등한 사람, 잠재적으로 위험하거나 불순한 집단으로 여기는 경향이 있습니다. 자기들에게 유리한 기득권 체제에 위협이나 걸림돌이 되리라고 판단해서지요. 하지만 세상의 거의 모든 변화는 소수자나 약자들이 기존의 주류 질서와 가치에 의문을 던지고 그것을 행동으로 옮기는 데서 시작되었습니다. 오랜 세월 억압과 착취와 차별에 시달리던 노동자, 흑인, 여성이 대표적입니다. 이들이 기존 체제에 맞서 자기 목소리를 내고 저항할 때마다 민주주의는 한 걸음씩 진전할 수 있었습니다.

약자와 소수자는 강자와 다수자가 만든 기존 질서나 가치를 넘어 '새로운 것'을 창조할 수 있는 잠재적 힘을 지닌 존재들입니다. 바로 이 힘이 민주주의에 새로운 영감과 에너지를 제공합니다. '다른' 숨결을 불어넣어 줍니다. 그러므로 민주주의가 고개 숙여 고마워해야 할 대상은 다수자가 아니라 소수자입니다.

프랑스 철학자 자크 랑시에르의 통찰에 따르면 정치란 이런 것입니다. "몫이 없는 자가 자기 몫을 요구하는 것. 권리 없는 자가 자기 권리를 요구하는 것. 말할 자격이나 권리가 없는 자가 말하는 것. 보이지 않는 자를 보이게 만드는 것. 들리지 않는 목소리를 들리게 하는 것. 셀 가치가 없다고 여겨지는 것을 세는 것." 앞에서 언급했듯이 정치와 민주주의는 실과 바늘처럼 떼려야 뗄 수 없는 관계로 긴밀하게 결합돼 있습니다. 그래서 랑시에르의 정치 이야기는 민주주의에도 적용할 수 있습니다. 랑시에르가 말한 정치를 실천하는 것이 곧 민주주의를 이루는 길이라고 할 수 있지요.

가장 큰 자와 가장 작은 자의 말을 똑같이 경청하는 것이 민주주의입니다. '숫자'는 억압이나 차별의 근거가 될 수 없습니다. 다수에 대한 고정관념에서 벗어나야 합니다. 당신이 민주주의자라면 이렇게 말할 수 있어야 합니다. "소수자는 단 한 사람만으로 구성된다 해도 셀 수 없는 힘을 가진다. 한 사람이 다수다"라고 말입니다. ❶

자유가 평등에게, 평등이 자유에게

이제 자유와 평등에 관한 얘기입니다. 잘 알다시피 이 두 가지는 민주주의의 두 핵심 가치로 꼽힙니다. 인류의 근현대 역사를 이끌어 온 정치적·사상적 가치의 두 수레바퀴라 불리기도 하지요. 왜 그럴까요? 그리고 민주주의에서 이 둘의 관계는 어떻게 될까요?

자유가 민주주의의 가장 중요한 가치인 이유는 민주주의의 본뜻에서 비롯합니다. 이것은 충분히 짐작할 수 있는 일입니다. 살펴봤듯이 민주주의의 본질이 바로 내가 권력의 주인이 되어 스스로를 통치하는 것이기 때문입니다. 자유란 남에게 구속받거나 얽매이지 않고 자기 뜻대로 행동하는 것, 다시 말하면 자기 삶과 운명을 스스로 선택하고 결정하는 것을 뜻합니다. 자유 없는 삶은 노예의 삶이고, 민주주의가 추구하는 것은 바로 그 노예의 사슬을 끊고서 자기 삶의 주인이 되는 것입니다. 이렇게 민주주의와 자유는 뿌리에서부터 같은 뜻을 공유합니다. 자유를 향한 갈망과 압제에 맞서는 저항의 몸부림이 민주주의의 역사를 가장 굵직하게 수놓게 된 것은 이런 이유에서입니다.

---

❶ 학자들은 '다수의 지배'가 최소한의 정당성을 갖추려면 적어도 두 가지 조건이 전제돼야 한다고 설명한다. 선거를 예로 들어 보자. 첫째, 이른바 '게임의 규칙'이 공정해야 한다. 이번 선거에서는 내가 소수지만 다음 선거에서는 내가 다수가 될 가능성이 구조적으로 열려 있어야 한다는 것이다. 만약 앞으로도 계속 내가 다수가 되어 내 의사나 이해관계가 대표될 가능성이 전혀 없다면 다수결 원칙을 받아들일 수 있을까? 둘째, 내가 소수라 하더라도 다수가 내 권리를 보호하기 위해 애써 줄 것이라는 믿음이 있어야 한다. 즉, 소수가 자신들에게 불리한 선거 결과를 기꺼이 받아들이려면 자기 의사나 이익을 포기할 정도의 사회적 신뢰 혹은 연대가 다수와 소수 사이에 형성돼 있어야 한다는 것이다. 이런 신뢰나 연대 없이 소수의 패배와 복종을 일방적으로 강요하기만 한다면 이런 사회를 건강하다고 할 수 있을까?

평등이란 권리, 자격, 의무 등에서 모든 사람이 고르고 똑같은 것, 즉 누구든 차별받지 않고 똑같이 대우받는 걸 가리킵니다. 사람들은 생김새, 생각, 성격, 취향 등이 저마다 다릅니다. 여자와 남자, 아이와 어른, 흑인과 백인, 가난한 사람과 부유한 사람, 장애인과 비장애인, 병든 사람과 건강한 사람, 자국민과 외국인…. 세상에는 무수히 많은 사람이 서로 다른 모습과 방식으로 살아갑니다. 하지만 이들 사이에는 유일한 공통점이 있습니다. 우리 모두가 고귀하고 소중한 사람이라는 사실이 그것입니다. 이것이 인간의 존엄성입니다. 모든 인간은 태어날 때부터 똑같은 무게의 존엄성을 지닌 존재들이고, 여기에는 어떤 차별도 없어야 합니다. 이것이 평등입니다. 물론 그렇다고 해서 평등이 모든 사람을 무조건 똑같은 존재로 여기는 걸 뜻하진 않습니다. 이것은 평등에 대한 지나치게 단순하고 기계적인 이해입니다. 평등은 서로를 동등하게 존중하는 것을 전제하지만 사람들 사이의 차이 또한 인정합니다. '서로 다름'을 받아들이되 누구든 존엄한 인격체로서 공정하게 대하는 것, 이것이 평등입니다.

평등이 자유와 한 묶음이 된 이유는 뭘까요? 이는 자유의 성격에서 말미암습니다. 우선 이런 질문을 던질 수 있습니다. 만약 모든 사람이 자유라는 미명 아래 자기 하고 싶은 대로 행동한다면 세상은 어떻게 될까요? 무질서와 혼란이 판치겠지요. 그러므로 참된 자유는 다른 사람의 자유와 권리를 존중할 때 비로소 누릴 수 있습니다. 자유를 누리는 만큼 그에 따른 책임을 져야 하고, 다른 사람의 자유도 내 자유와 마찬가지로 소중히 여길 줄 알아야 한다는 거지요. 모든 사람의 자유가 동등한 가치를 지닌다는 점에서 이는 평등으로 연결됩니다. 결국, 자유는 스스로를 위해서도 반드시 평등과 결합돼야 하는 셈입니다.

역사는 자유와 평등이 어떻게 얽혀 있는지를 또렷이 보여 줍니다. 신분제도를 깨뜨린 것이 현대 민주주의의 첫 장을 열었다는 얘기는 앞에서도 했습니다. 이렇게 얘기할 수 있는 근원적인 이유는 신분제도가 자유와 평등을 동시에 극심하게 파괴했기 때문입니다. 신분제도 아래서 절대다수 사람은 자유를 빼앗긴 노예의 삶을 살았습니다. 반면에 왕족이나 귀족 같은 극소수 특권층은 대대손손 어마어마한 부와 권력을 독차지했습니다. 핏줄에 따른 노골적인 차별과 극단적인 불평등이 세상을 뒤덮고 있던 곳이 신분제 사회였지요.

신분제도가 보여 주는 것처럼 자유를 파괴하는 시스템과 평등을 파괴하는 시스템은 별개의 것이 아닙니다. 그 이유는 자유와 평등이 별개의 것이 아니기 때문입니다. 그래서 이렇게 얘기할 수도 있을 듯합니다. 불평등한 신분제도를 없애고 자유를 쟁취하는 것, 그렇게 자유를 얻음으로써 평등을 이루는 것, 이처럼 자유와 평등이 하나로 맞물린 통합적 인간 해방을 성취하는 것이 민주주의 혁명의 본령이라고 말입니다. 이렇게 해서 자유와 평등은 서로 어깨동무하면서 민주주의의 핵심 가치를 이루게 됩니다.

그런데, 자유와 평등은 나름의 고민거리를 안고 있습니다. 먼저 자유 이야기부터 하겠습니다. 자유를 최대한으로 보장하면 이것이 인간의 이기심이나 욕심, 경쟁의식 같은 것

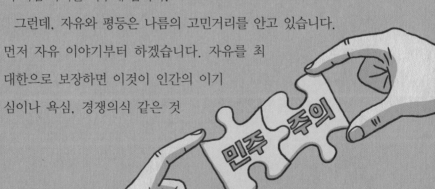

과 결합되어 사회적 격차로 이어질 가능성이 높아집니다. 다른 사람에 대한 배려는 뒷전으로 밀려나고 자신의 이익을 극대화하려는 경향이 널리 퍼진다는 얘기지요. 그 결과 불가피하게 강자와 약자, 부유한 자와 가난한 자, 인간과 자연 사이 등이 갈수록 벌어지는 현상이 나타나게 됩니다. 빈부 격차, 극소수 거대 기업의 경제 지배, 환경오염 등과 같은 여러 사회문제가 발생하는 배경 가운데 하나가 이것이지요.

평등의 경우는 형식적 평등과 실질적 평등을 둘러싼 논란이 있습니다. 형식적 평등은 한마디로 기회의 평등을 말합니다. 누구에게나 형식적으로 동등한 기회를 보장하면 그것으로 충분하다는 거지요. 한데 개인들 사이에는 능력의 차이가 있습니다. 기회는 동등하게 부여하되 능력 차이에서 생겨나는 격차는 인정하자는 것이 형식적 평등의 관점입니다.

하지만 이러다 보면 어떻게 될까요? 사회적 불평등과 양극화라는 문제가 불거지게 됩니다. 이것은 그 정도가 심각하면 공동체 전체의 안녕이나 지속가능성을 위협합니다. 특히 개인의 능력이나 노력과는 무관하게 발생하는 구조적 불평등이 큰 골칫거리입니다. 그래서 나온 것이 실질적 평등의 개념입니다. 사람들이 기회뿐만 아니라 실질적으로도 균등한 삶을 영위할 수 있도록, 말하자면 결과적으로도 평등에 가까워질 수 있도록 애써야 한다는 거지요. 이런 입장에서는 자연스레 공정한 분배, 사회경제적 약자에 대한 배려와 지원, 사회복지 강화, 이런 일들을 하기 위한 국가의 적극적인 개입 등을 중시하게 됩니다.

이 두 가지 평등 개념은 평등에 관한 논의에서 중요한 논쟁거리입니다. 최근 논의에서는 형식적 평등을 넘어 실질적 평등을 중시해야 한다는 주장이 공감을 넓혀 가고 있습니다. 그만큼 우리나라뿐만 아니라 세계적 차원에서도 사회 양극화와 불평등 문제가 아주 위험한 지경에 이르렀기 때문입니다.❷

우리가 생각해야 할 것은 자유와 평등의 관계입니다. 자유가 소중하다는 건 너무나 당연한 얘기입니다. 자유 없는 민주주의는 애당초 존재할 수도, 성립할 수도 없으니까요. 하지만 그 자유가 지나치게 사적이고 개인적인 차원으로 흐르면, 더구나 이것이 사회의 지배적 흐름으로 굳어지면, 또 하나의 아주 소중한 가치인 평등이 훼손됩니다. 만약 자유가 힘세고 돈 많은 이들의 전리품으로 전락한다면 그것은 참된 자유가 아닙니다. 자유의 타락이자 왜곡입니다.

그래서 자유와 평등 사이에 조화와 균형을 이루는 것이 중요합니다. 자유와 평등 가운데 어느 것이 더 우월하고 중요한지를 따지는 것은 의미가 없습니다. 자유 없는 평등은 기계적이고 획일적인 전체주의 세상, 단조롭고 생기 없는 단세포 사회 같은 곳으로 우리를 이끌 것입니다. 평등 없는 자유는 강자와 승자가 지배하는 약육강식의 정

❷ 저명한 국제구호개발기구인 옥스팜은 지난 2018년 1월 '부가 아닌 노동에 보상하라'라는 제목의 보고서를 발표했다. 이에 따르면, 2016년 6월부터 1년 동안 전 세계적으로 증가한 부의 82퍼센트를 세계 최상위 부자 1퍼센트가 휩쓸어 갔다. 같은 기간에 세계 소득 하위 50퍼센트에 이르는 37억 명의 부는 전혀 증가하지 않았다. 또한, 자산 10억 달러 이상을 소유한 세계 억만장자들 소득은 2010년 이후 해마다 평균 13퍼센트씩 증가한 반면 노동자 임금은 평균 2퍼센트 증가에 그쳤다. 이 보고서는 "억만장자의 호황은 경제가 번성하고 있다는 신호가 아니라 실패한 경제 시스템의 증상"이라고 꼬집으면서 "평범한 노동자들을 위한 경제구조를 세워야 한다"라고 강조했다.

글, 인간의 온기가 사라진 비정하고도 무자비한 전쟁터 같은 곳으로 우리를 안내할 것입니다.

자유와 평등은 얼핏 겉으로만 보면 모순되는 개념처럼 여겨질 법합니다. 하지만 진정한 자유는 평등으로부터 나오고, 진정한 평등은 자유로부터 나옵니다. 이 둘은 서로가 서로를 전제함으로써만 성립할 수 있습니다. 서로가 서로에게 기댐으로써만 존재할 수 있습니다. 민주주의는 이 둘 사이의 긴장과 역동적인 상호작용, 그리고 조화로운 결합 속에서 성장해 왔습니다. 민주주의의 미래 또한 마찬가지일 것입니다.

민주주의는 '답변'이 아니라 '질문'이다

이 세상은 이질적인 사람들이 함께 살아가는 곳입니다. 서로 다른 온갖 부류의 사람들이 수많은 관계로 얽히고설켜 있습니다. 민주주의와 정치가 이루어지는 장소가 바로 이런 곳입니다. 무인도에서 홀로 살아간다면 민주주의나 정치 같은 건 애당초 필요조차 없을 테지요. 이처럼 민주주의나 정치의 주체는 특정한 하나의 형상으로 존재하지 않는다는 사실이 뜻하는 바가 뭘까요?

특정한 형상이 없다는 것은 모든 형상이 자유롭게 존재하면서 서로 평등하게 어울린다는 뜻입니다. 특히, 그 다양한 형상들 사이에는 어떤 억압이나 차별도 없다는 점이 중요합니다. 이질적인 사람들이 서로 자유롭게 소통하고 평등하게 연대하는 데서 민주주의는 시작됩니다. 그러므로 민주주의에서는 혈통, 성별(性別), 인종, 재산, 사회적 지위, 출신 지역, 종교, 지식, 건강 등을 비롯해 그 어떤 것도 억압이나 차별의 근거가 되지 못합니다. 모두가 원초적으로 평등하고 아무런 자격이나 조건 없는 연대를 이룰 때, 우리는 비로소 참된 민주주의를 경험할 수 있습니다. 자유로운 존재들끼리의 평등한 연대를 지향하는 것이 민주주의입니다. 자유와 평등이 손 맞잡고 인간 존엄을 실현하고자 하는 것이 민주주의입니다.

그렇지만 민주주의가 행복, 평화, 번영, 성공 등을 자동으로 보장해 주지는 않습니다. 어떤 민주주의를 가꾸어 나갈지, 민주주의와 어떻게 함께 살지, 민주주의로 무엇을 하며 어떤 삶과 세상을 만들지는 오롯이 우리가 어떻게 하느냐에 달렸습니다. 민주주의에는 고정불변의 정답이나 최종적인 모범 답안이 없습니다. 민주주의는 '완제품'이 아닙니다. 생성과 변화. 다양성과 역동성. 이것이 민주주의의 핵심 특성입니다. 민주주의는 일종의 '가능성'입니다. 민주주의는 '답변'이 아니라 끝없는 '질문'입니다.

폴란드 출신의 사회학자 지그문트 바우만은 "질문 자체를 그만두는 것이 우리 사회의 가장 큰 문제다. 질문을 그만두면 우리는 참된 민주주의로부터 멀어지게 된다"라고 말했습니다. 답 없는 답. 길 없는 길. 이것이 민주주의입니다. 민주주의의 길은 어둠 속에 잠겨 있습니다. 혼돈 속으로 뻗어 있습니다. 언제 가닿을지 모를 목적지를 향해 하염없이 걸어가는 길. 이것이 민주주의입니다.

2부

민주주의는
안녕한가?

1 '지금 여기'를 알려면 역사를 보라

역사학자 E. H. 카는 "역사란 과거와 현재의 끊임없는 대화다"라는 유명한 말을 남겼습니다. 과거를 정확하게 알아야 현재를 제대로 이해할 수 있다는 말이지요. 오늘날 현대 민주주의에서 발생하는 문제들은 대부분 역사적 뿌리를 가지고 있습니다. 민주주의가 걸어온 길의 갈피갈피에 오늘의 문제들이 생겨나게 된 직간접적인 배경이나 원인이 묻혀 있지요. 과거와 현재는 이렇게 역사 속에서 서로 만나 대화하면서 우리에게 새로운 지혜와 통찰을 전해 줍니다.

이 책이 겨냥하는 것

이제 2부에서 알아볼 것은 민주주의의 현주소입니다. 1부에서 살펴보았던 민주주의의 의미와 가치가 오늘날 현대 민주주의에서 제대로 구현되고 있는지, 지금의 민주주의는 어떤 처지와 상황에 놓여 있는지, 그 속에서 어떤 문제와 한계를 드러내고 있는지 등을 짚어 보자는 얘기지요.

이를 위해 먼저 다루는 것은 민주주의의 역사, 곧 민주주의가 걸어온 길입니다. 영국 역사학자 E. H. 카는 "역사란 과거와 현재의 끊임없는 대화다"라는 유명한 말을 남겼습니다. 여기에는 물론 현재 관점에서 보면 과거를 다르게 해석할 수 있다는 뜻이 담겨 있습니다. 하지만 과거를 정확하게 알아야 현재를 제대로 이해할 수 있다는 게 이 말의 가장 중요한 메시지입니다.

실제로, 오늘날 현대 민주주의에서 발생하는 문제들은 대부분 역사적 뿌리를 가지고 있습니다. 민주주의가 걸어온 길의 갈피갈피에 오늘의 문제들이 생겨나게 된 직간접적인 배경이나 원인이 묻혀 있지요. 과거와 현재는 이렇게 역사 속에서 서로 만나 대화하면서 우리에게 새로운 지혜와 통찰을 전해 줍니다.

이런 뜻에서 여기서 초점을 맞추고자 하는 것은 민주주의 역사 중에서도 현대 민주주의가 안고 있는 문제와 연결되는 대목들입니다. 가장 중요한 화두는 대의민주주의와 자유민주주의입니다. 이 두 가지가 오늘날 현대 민주주의를 떠받치는 두 개의 핵심 기둥이기 때문

입니다. 대의민주주의가 민주주의의 형태 또는 방식과 관련된 것이라
면 자유민주주의는 민주주의의 사상 또는 철학적 바탕과 연관된 것이
라고 할 수 있습니다. 그런 만큼 이 둘은 서로 긴밀한 관계를 맺으면
서 현대 민주주의를 강력하게 규정하고 있습니다. 많은 사람이 이 두
가지가 민주주의 자체이거나 민주주의의 전부라고 오해할 정도지요.
2부에서 곁들여 검토하고자 하는 것은 국가와 법에 관한 이야기입니
다. 국가와 법은 현대 민주주의가 작동하는 내용과 방식 모두에서 커
다란 구실을 합니다. 그래서 이 이야기 또한 현대 민주주의의 현주소
를 파악하는 데 도움이 될 것입니다.

　이 책이 던지는 문제의식은 간단명료합니다. 오늘날 민주주의를 압
도적으로 대표하는 대의민주주의와 자유민주주의 모두 아주 심각한
위기에 처해 있으며, 그 결과 민주주의가 크게 왜곡·변질·오염되고
있다! 그렇기에 지금의 문제투성이 민주주의를 넘어서는 새로운 전망
과 대안을 시급히 찾아야 한다! 이어지는 민주주의의 역사 이야기는
이런 문제의식을 바탕으로 합니다.

🔬 권력 이동: 소수에서 다수로

1793년 1월 21일.

　프랑스 파리 중심부의 한 광장엔 기요틴, 곧 단두대가 설치돼 있습
니다. 2.3미터 높이에 40킬로그램에 이르는 시퍼런 칼날이 날카로운

빛을 내뿜으며 매달려 있지요. 사람의 목을 베어 사형을 집행하는 기구인 이 단두대의 칼날은 누구의 목을 기다리고 있을까요?

이윽고 한 사람이 단두대를 향해 천천히 걸어옵니다. 바로 서른아홉 살의 프랑스 국왕 루이 16세입니다. "짐(임금이 자기를 가리키는 일인칭 대명사)이 곧 국가"라고 할 정도로 무소불위의 권력을 휘두르던 절대왕정의 국왕 자리에 오른 지 19년 만입니다. 왕의 목이 단두대에 걸리자 곧바로 칼날이 가차 없이 떨어집니다. 그는 한순간에 형장의 이슬로 사라집니다. 왕의 처형 장면을 보려고 광장에 모여든 수많은 군중은 그의 목이 잘려 나가자 함성을 지릅니다. 사치와 향락을 일삼는 바람에 민중의 원성이 하늘을 찌르게 했던 서른여덟 살의 왕비 마

리 앙투아네트 또한 단두대의 칼날을 피할 수 없었습니다. 천하를 호령하던 왕과 왕비는 그렇게 비극적인 최후를 맞습니다.

1789년 7월 14일 성난 군중이 파리의 바스티유 감옥을 습격하면서 불타오르기 시작한 프랑스혁명은 이렇듯 옛 체제의 상징이던 국왕의 목을 베어 버림으로써 큰 매듭을 짓게 됩니다. 이 혁명이 왜 인류 역사에서 가장 주목해야 할 위대한 사건의 하나로 손꼽히는지에 대해서는 앞에서도 강조한 바 있습니다. 신분제도를 무너뜨림으로써 민주주의의 주춧돌을 놓은 결정적 계기라는 거였지요. 인류는 이 혁명을 지렛대 삼아 지긋지긋한 '노예'의 삶에서 벗어나 '주인의 길'로 들어설 수 있었습니다.

그런데 프랑스혁명은 어느 날 갑자기 하늘에서 뚝 떨어지지 않았습니다. 혁명은 이미 그 이전부터 시나브로 잉태되고 있었습니다. 그리고 그 과정을 일관되게 꿰뚫는 열쇳말은 '인간'과 '자유'입니다. 민주주의의 본뜻과 직통하는 말들이지요.

먼저 얘기할 것은 르네상스입니다. 르네상스(Renaissance)란 중세가 서서히 저물어 가던 14~16세기에 이탈리아를 중심으로 일어난 새로운 문화운동입니다. 학문이나 예술의 부활 또는 재생이라는 뜻을 지니고 있지요. 르네상스는 신 중심의 종교적 속박과 권위, 국왕을 정점으로 하는 절대군주제, 차별과 억압의 족쇄인 신분제도 따위로 상징되는 중세에서 벗어나 고대 그리스와 로마 문화를 부흥시킴으로써 새로운 시대를 열고자 했던 문화적·정신적 흐름이었습니다.

이 르네상스가 선사한 가장 큰 가치가 휴머니즘, 곧 인문주의입니다. 인문주의란 한마디로 인간 중심의 사고방식을 뜻합니다. 인간의 가치와 개성을 강조하고 이를 바탕으로 세계와 인간을 새롭게 발견하고자 하는 사상이나 운동을 가리키지요. 이에 따라 종교와 신으로부터 벗어난 '개인'의 자유와 인간성 해방, 이성을 바탕으로 하는 합리적인 사유와 생활태도, 공공선과 평등한 인간에 대한 관심 등이 시대 흐름을 이끌게 되었습니다.

르네상스에 이어지는 것은 종교개혁입니다. 종교개혁이란 중세 시절 절대 권력을 행사했던 로마 가톨릭 교회의 개혁과 쇄신을 이루고자 16~17세기에 걸쳐 독일을 중심으로 일어난 일련의 교회 혁신 운동을 말합니다. 프로테스탄트, 곧 오늘날의 개신교가 이 종교개혁을 계기로 태어났지요. 빠르게 유럽 곳곳으로 퍼져 나간 종교개혁은 르네상스와 함께 민주주의의 물꼬를 튼 계기로 평가받습니다. 그 이유로는 먼저, 종교개혁을 계기로 중세를 지배했던 종교적 권위가 허물어지면서 '인간'의 가치를 재조명하게 되었습니다. 다음으로, 종교개혁은 당시 르네상스에 힘입어 새롭게 태어나던 '개인'의 구원을 강조하면서 '자유'를 당당하게 내세웠습니다.

간추리면, 르네상스와 종교개혁을 거치면서 인류는 신이 아닌 인간, 종교의 틀을 뛰어넘는 합리적 이성, 봉건 체제가 강요하는 억압과 차별의 굴레에서 벗어난 자유를 재발견하게 됩니다. 민주주의의 정신적·문화적 토대가 마련되기 시작한 셈이지요. 하지만 민주주의와 관련한 보다 직접적인 정치적 격동과 사상이 펼쳐진 곳은 영국입니다. 17세기 영국에서는 청교도혁명과 명예혁명이라고 불리는 두 개의 혁명이 일어났습니다. 이 두 혁명에는 중요한 공통점이 있습니다. 국왕의 권력을 약화시키는 대신 의회(우리로 치면 국회)의 권력이 강화됐다는 점이 그것입니다. 그러면서 바야흐로 의회 권력이 국왕 권력보다 우위에 서는 흐름이 자리 잡게 됩니다.

이것이 민주주의 역사에 의미 있는 사건으로 기록된 이유는 다른 게 아닙니다. 권력의 무게중심이 국왕 한 사람한테서 보다 많은 사람을 대표하는 의회로 이동했다는 것은 그만큼 인간의 자유와 권리가 넓어졌다는 것이고, 이는 그 자체로 민주주의의 진전을 뜻하기 때문입니다. 특정 개인이 권력을 독점하거나 극소수 특권 세력으로 권력이 집중될수록 민주주의와는 멀어질 수밖에 없습니다. 사회 구성원 다수를 이루는 '시민의 자기 지배'가 민주주의의 본령이니까요.

자유민주주의가 여기서 시작됐다고?

눈여겨볼 것은 이런 시대 흐름 속에서 새로운 정치사상이 태어나 싹을 틔웠다는 점입니다. 이를 이끈 대표적인 사상가로 꼽히는 사람이 토머스 홉스와 존 로크입니다. 이 두 사람에 관한 이야기는 좀 더 상세히 들여다볼 필요가 있습니다. 자유민주주의의 사상적 씨앗이 이때 뿌려졌기 때문입니다.

≪리바이어던≫이라는 책으로 널리 알려진 영국의 정치사상가 토머스 홉스(1588-1679)는 '만인에 대한 만인의 투쟁'이라는 말로 유명

합니다. 인간은 본래 악하고 개인주의적이어서 자연 상태에서는 모든 사람이 서로 싸우고 자기 생존을 위해서라면 무슨 짓이든 할 수 있다는 게 홉스의 견해였지요. 그래서 그는 모든 사람이 함께 양보해서 어떤 조직을 만들고 그 힘 아래서 같은 권리를 누려야 한다고 생각했습니다. 여기서 말하는 조직이 곧 국가입니다. 그러니까, 모든 개인이 자기 권리를 양도하는 사회계약을 통해 국가라는 조직체를 만들고, 이 조직체의 우두머리가 절대 권력을 가져야 사람들이 안전과 행복과 동등한 권리를 누릴 수 있다는 얘기지요.

이에 견주어 같은 영국 사람인 존 로크(1632~1704)는 자연 상태에서는 신이 정한 '자연법'이 지배한다고 보았습니다. 이성을 지닌 인간은 이 자연법에 따라 누구나 자유로운 노동으로 사유재산을 만들고 보호할 수 있다고 여겼지요. 하지만 사유재산을 둘러싸고 서로 권리를 침해하고 자연법을 어길 가능성이 있다는 게 문제였습니다. 그래서 그는 사람들이 서로 사회계약을 맺어서 다툼을 줄이고 조정해 줄 뭔가를 만들어 내야 한다고 생각했습니다. 그게 바로 국가입니다.

두 사람 이야기에 공통적으로 등장하는 말이 있습니다. '사회계약' 이 그것입니다. 그래서 이들의 주장을 묶어서 '사회계약설'이라 부르기도 합니다. 한마디로 사람들끼리의 계약을 통해 국가가 만들어진다는 거지요.❶ 이 두 사람이 활약하던 때는 유럽에서 절대군주제가 무너지기 시작하던 무렵입니다. 이런 상황에서 이들이 내세운 사회계약설은 군주제 폐지 흐름에 명분과 힘을 실어 주었습니다. 또한 그럼으로써 이후 일어나는 시민혁명의 이론적·사상적 배경으로 작용하게 됩니다.

　여기서 꼭 기억해 둘 사항이 한 가지 있습니다. 이들이 내세운 사회계약은 자유로운 개인을 전제합니다. 그래서 이들의 사상을 흔히 자유주의라 부릅니다. 한데, 로크의 자유주의에서 특별히 강조하는 게 있습니다. 사유재산이 그것입니다. 그가 상정한 국가의 핵심적 구실 또한 개인의 사적 소유권을 보호하는 것이었습니다. 그의 사상이 이후 민주주의 혁명을 일군 정신적 원천의 하나가 된 건 사실입니다. 하지만 동시에 그의 사상은 그 뒤 민주주의가 사적 개인과 그 개인의 사유재산 보호를 중심으로 펼쳐지는 데 톡톡히 한몫을 했습니다. 현대 자유민주주의에서 가장 큰 폐단으로 여겨지는 문제, 곧 공적인 것이 아닌 사적인 것을 지나치게 떠받드는 현실의 뿌리를 거슬러 올라가면 가닿게 되는 지점이 바로 여기입니다. 두 사상가를 다룬 이유가 여기에 있습니다. 자유민주주의에 관한 이야기는 잠시 뒤 다시 등장할 것입니다.

　민주주의를 향한 꿈틀거림이 영국에만 있었을까요? 아닙니다. 대서양 건너 미국에서도 격변의 회오리가 몰아쳤습니다. 그 정점은 1776년의 미국 독립혁명입니다. 영국 식민지였던 미국 주민들이 독립선언서를 발표하면서 독립전쟁을 일으켰고, 이들은 당시 영국과 맞서던 스페인과 프랑스의 지원 등에 힘입어 승리를 거두게 됩니다. 이 미국 독립혁명이 민주주의 역사에 남긴 발자취 가운데 대표적인 것은 독립선언문에서 천명한 천부인권(인간이 태어나면서부터 가지는 권리)과 인민주권, 그리고 저항권입니다.❷ 민주주의 사상의 기초 가운데 하나로

64

2부 민주주의는 안녕한가?

평가받곤 하지요.

하지만 뭐니 뭐니 해도 인류 역사에서 봉건 왕조 체제를 처음으로 무너뜨리고 실질적으로 민주주의의 새 장을 연 것은 앞에서도 특별히 강조한 1789년의 프랑스혁명이라고 할 수 있습니다.❸ 그런데, 이렇게 결정적인 혁명에 성공했으니 프랑스혁명 이후 민주주의는 순조로운 발전의 길을 걸었을까요? 아닙니다. 왕은 그리 쉽게 역사의 무대에서 물러나지 않았습니다. 저항하는 건 민중만이 아닙니다. 권력자들 또한 자신의 기득권을 지키려고, 또한 빼앗긴 권력을 되찾으려고

❶ 하지만 둘 사이에는 중요한 차이점도 있다. 계약을 통해 사람들의 권리를 넘겨받은 권력자의 권한이 그것이다. 홉스는 절대적인 권한을 주장했다. 이 절대 권력자를 가리키는 이름이 책 제목으로 쓰인 '리바이어던'이다. 구약 성경 욥기에 나오는 거대한 바다 괴물 이름에서 따왔다. 이에 반해 로크는 권력자가 지나친 권력 행사를 해서는 안 된다고 생각했다. 로크는 나아가, 만약 권력자가 위임받은 정도를 넘어서는 부당한 권력을 행사한다면 그 국가 구성원들은 이에 저항할 권리가 있다고 강조했다. 설사 그 권력자가 왕이라 하더라도 말이다. 홉스가 말한 권력자의 절대 권한도 사실은 주권자 스스로의 힘이 아니었다. 홉스는 그 권한이 자유로운 개인들끼리의 평등한 사회계약을 통해서 나오는 것이라고 여겼다.

❷ 독립선언문의 관련 대목을 인용하면 다음과 같다. "우리는 다음과 같은 것을 자명한 진리라고 생각한다. 즉, 모든 사람은 평등하게 태어났고, 창조주는 양도할 수 없는 일정한 권리를 인간에게 부여하였다. 생명권과 자유권과 행복 추구권이 이런 권리에 속한다. 이런 권리를 보장하려고 인류는 정부를 조직하였으며, 정당한 정부권력은 피치자(被治者, 통치를 받는 자의 동의에서 비롯한다. 어떤 형태의 정부든 이런 목적을 훼손할 경우, 인민은 언제든지 그런 정부를 변혁하고 폐지할 권리를 갖는다. 또한 인민의 안전과 행복을 가장 효과적으로 보장할 수 있는 원칙에 입각하여, 권력을 갖춘 새로운 정부를 조직할 권리를 갖는다."

❸ 영국의 자유주의가 민주주의 시민혁명의 정신적 배경 가운데 하나라는 얘기는 이미 했다. 그런데 프랑스혁명을 일으킨 사상과 정신의 젖줄은 그것만이 아니었다. 또 하나 주목할 것은 계몽철학이다. 계몽철학이란 17세기 중반 무렵 프랑스에서 씨앗이 뿌려진 뒤 18세기에 활짝 꽃을 피웠던 유럽의 철학 조류다. 계몽철학은 이성과 합리주의를 기반으로 전통, 미신, 편견, 고정관념, 봉건주의, 가톨릭교회 등을 비롯해 그 모든 낡고 부패한 기존 제도와 관념들을 혁신하여 새로운 역사 진보를 이루고자 한 '사상의 무기'였다. 디드로, 볼테르, 몽테스키외, 장 자크 루소 등이 맹활약을 펼쳤다. 특히 루소가 돋보인다. 그는 개인의 권리를 양도해야 한다고 주장했던 영국의 자유주의적 사회계약론을 비판했다. 인간은 누구에게도 양도할 수 없는 인민주권을 지닌 존재로서 어떤 것에도 얽매이지 않는 자유로운 시민이며, 우리 모두는 그 자유를 평등하게 누려야 한다는 게 그의 주장이었다.

65

집요하게 저항합니다. 혁명이 성공한 뒤에도 왕들은 다시 절대 권력을 되찾을 기회를 호시탐탐 노렸고, 실제로 왕위에 복귀하기도 했습니다. 이에 민중은 또다시 격렬하게 맞서 싸웠고, 이때마다 프랑스 수도 파리는 희생자들이 흘린 피로 붉게 물들었습니다.

그럼, 왕이 완전히 물러난 것은 언제일까요? 그것은 1789년 혁명 이후 100년도 더 지나서였습니다. 민주주의는 이렇게 성장해 왔습니다. 민주주의는 혁명의 수레바퀴를 거꾸로 돌리려는 역사의 반동에 맞서 숱한 피눈물을 뿌리며 한 걸음씩 전진해 왔습니다.

혁명의 두 얼굴

이제 조금 다른 얘기를 해야겠습니다. 아니, 어쩌면 이제부터가 진짜 중요한 얘기인지도 모르겠네요. 혹시 부르주아라는 말을 들어 봤나요? 프롤레타리아라는 말은요? 민주주의 전개 과정의 성격이나 의미를 제대로 이해하려면, 나아가 그 전개 과정의 결과인 지금의 현대 민주주의가 왜 깊은 위기와 모순에 빠져들고 있는지를 알려면, 이 말들을 알아야 합니다.

프랑스혁명으로 상징되는 일련의 18세기 민주주의 혁명은 중대한 한계를 안고 있었습니다. 그것은 혁명의 주체 문제로부터 비롯합니다. 이 혁명들은 흔히 '시민혁명'이라 불립니다. 혁명의 주체는 일반적으로 '시민'이라 불리는 사람들이었습니다. 중세가 막을 내리고 근대가 시작되면서 새로운 역사의 물줄기를 앞장서 뚫고 또 그 흐름의 향방을 이끈 사람들이지요. 이른바 '개인의 탄생'을 통해 새로운 근대적 자유와 권리의 주체로 거듭난 사람들이기도 하고요. 그런데, 이 시민들은 구체적으로 누구를 가리키는 걸까요?

혁명의 일차적 주체는 주로 상업과 공업 등에 종사하면서 부를 쌓은 사람들이었습니다. 중세가 저물어 가는 과정은, 산업혁명이 일어나 생산력이 급속히 늘어나고 자본주의가 보편적인 경제체제로 확산되는 과정과 맞물리면서 진행되었습니다. 이들이 본격적으로 등장하고 성장한 배경에는 이런 거대한 사회경제적 시대 변화의 흐름이 깔려 있습니다. 이들은 자본주의 발전이 제공하는 유리한 경제조건 속에서 부를 쌓으면서 점점 강력한 사회세력으로 떠올랐습니다. 그러면서 자연스럽게 정치에 참여하고 권력을 손에 넣으려는 욕망을 키우게 되었습니다. 바로 이들을 가리키는 말이 부르주아입니다. 재산을 소유했기에 유산(有産)계급이라 부르기도 하지요. 우리가 '시민혁명'이라고 말할 때 '시민'의 주력부대를 이룬 주체가 바로 이들 부르주아였습니다. 이들은 혁명을 주도하여 성공시킨 뒤 새로운 시대를 여는 주역으로 활약하게 됩니다.❹

한편, 이 무렵 봉건적 질서를 반대하면서 왕이나 귀족들에게 예속되지 않은 지식인들이 대거 등장했습니다. 이들은 시대 흐름에 발맞추어, 때로는 그 흐름을 앞장서 이끌면서 개인의 자유와 평등, 시민적 권리를 강조하는 사상을 널리 전파했습니다. 방금 언급한 계몽철학이나 자유주의가 다 여기에 해당하지요. 근대 이후 개인의 자유를 특별히 강조하면서 서구 중심으로 펼쳐진 민주주의가 자유민주주의라 불리게 된 배경도 여기에 있습니다. 시민혁명은 이런 움직임들이 서로 어우러지면서 거스를 수 없는 도도한 대세를 이룬 덕분에 일어날 수 있었습니다. 여기에 봉건 체제 아래서 노예의 삶을 강요받던 노동자, 농민, 도시 빈민을 비롯한 수많은 민중이 혁명의 물결에 대거 동참한 것도 혁명 성공의 큰 요인이었고요.

그런데 말입니다. 어째 세상이 좀 이상하게 돌아가기 시작했습니다. 부르주아는 왕과 귀족들한테서 빼앗은 정치권력이 자신들이 쌓은 부, 곧 사유재산을 반드시 지켜 주어야 한다고 믿었습니다. 좀 전에 자유주의 철학이 개인의 사유재산 보호를 중시했고, 이 점이 민주주의 역사에서 특이한 의미를 지닌다고 했습니다. 이것을 서로 연결해서 설명하면 이런 얘기가 됩니다. 즉, 혁명 주도 세력인 부르주아 계급의 경제적 이해관계와, 혁명의 사상적 토대였던 자유주의 철학은 서로 짝짜꿍이 척척 맞았습니다. 이렇게 해서 형성된 것이 오늘날의

❹ 앞에서 국민, 시민, 인민, 민중 등의 용어를 설명하면서 시민이 근대 민주주의와 근대 국가가 형성되는 과정에서 생겨난 특수한 역사적 산물이라고 언급했다. 그 얘기가 지금 이 대목과 연결된다. 부르주아(bourgeois)는 본래 성(城)에 둘러싸인 중세 도시국가의 주민을 가리키는 말이었다. 성을 뜻하는 프랑스어 'bourg'에서 갈라져 나온 말로, 흔히 '성안에 거주하는 부유한 자'들을 의미했다. 즉, 성 밖에 살았던 농노와 달리 성안에 살던 상인과 공업인 등을 지칭하는 말이었다고 볼 수 있다. 기계를 활용하는 대량생산 방식으로 큰돈을 번 공장 소유주가 부르주아의 대표 격이라 할 수 있다. 때로는 중산층까지 포괄하는 넓은 의미로 쓰이기도 한다. 하지만 오늘날 좁은 의미로는 '자본주의 사회에서 토지, 공장, 기계 등과 같은 생산수단을 소유하고 노동자를 고용하여 기업을 경영하는 사람' 또는 '자본가 계급에 속하는 사람'이라는 뜻으로 사용된다. 이것의 반대말이 프롤레타리아(proletarier), 곧 무산(無産)계급에 속한 사람이다. 주로 자신의 노동력을 팔아 임금을 받음으로써 생활을 꾸려 가는 노동자를 가리킨다. 개인을 지칭할 때는 '부르주아'와 '프롤레타리아'라 부르고, 계급으로서 집단을 나타낼 때는 '부르주아지'와 '프롤레타리아트'라는 말을 쓴다. 시민이라는 말은 그 뒤 세월이 흐르면서 이런 역사성을 간직하면서도 보다 보편적인 일반 대중을 가리키는 말로 자리 잡았다.

자유민주주의입니다.

또 다른 문제가 불거졌습니다. 이들 부르주아는 정작 혁명에 성공하자 그 혁명이 안겨 준 민주주의 권리를 노동자, 농민, 도시 빈민, 해방된 농노, 여성 등과 나누려고 하지 않았습니다. 자기들만 권력과 경제적 부를 독차지하려고 했지요. 이들은 '무식한' 민중에게 선거권과 같은 정치 참여 기회를 동등하게 주면 자신들의 권력과 기득권을 이들에게 빼앗길 위험이 크다고 판단했습니다. 그래서 이들은 자기들이 고용하고 있던 노동자를 비롯해 민중이 정치에 참여하려는 움직임을 어떻게든 억누르려고 했습니다. 선거권과 평등을 요구하는 노동자들을 무자비하게 탄압했고, 심지어는 저항하는 노동자들을 잔혹하게 살육하기까지 했습니다. 그러면서 이들 부르주아는 당시 산업혁명의 진전과 함께 본격적으로 번창하기 시작하던 자본주의 체제를 이끌어 가는 주역으로 활동하게 됩니다.

얘기를 정리해 보지요. 부르주아는 낡은 중세 체제의 파괴자인 동시에 새로운 근대 세계의 건설자였습니다. 그러면서 자유, 평등, 우애 등이 실현되는 새로운 사회를 만들겠다고 나섰습니다. 하지만 이들은 모든 것을 돈 중심으로 생각하고 돈 많이 버는 것을 가장 큰 삶의 목표로 삼는 사람들이기도 했습니다. 이들은 노동자를 착취해 쌓은 부를 바탕으로 새로운 사회의 상류층으로 자리 잡았고, 이내 그 부를 무기 삼아 권력을 갈망하기에 이르렀습니다. 부르주아의 그런 권력에 대한 열망이 극적으로 터져 나온 사건이기도 한 것이 시민혁명의 또다른 성격이었습니다.

이처럼 부르주아가 주도한 민주주의 시민혁
명은 사실은 또렷한 한계를 안고 있었다고 할
수 있습니다. 인간 해방의 불꽃을 쏘아 올리긴
했지만 그 불꽃이 세상 전체를 골고루 밝히진
못했습니다. 혁명의 열매는 모든 사람에게 공
평하게 돌아가지 않았습니다. 빛과 그늘을 동
시에 거느린 '혁명의 두 얼굴'이지요. 다음에서
보듯이 현대 대의민주주의가 안고 있는 문제
또한 여기서 비롯했습니다.

대의민주주의, 권력 엘리트의 발명품?

잘 알다시피 대의민주주의에서 핵심은 선거입니다. 선거를 통해 시민의 대표자들을 뽑아 이들에게 통치와 행정, 정치 등을 맡기는 게 대의민주주의의 골간이지요. 그런데 사실은 프랑스혁명 이전까지만 해도 사람들은 민주주의라 하면 대개 직접민주주의로 이해했습니다. 여기서 우리는 민주주의 역사에서 선거가 어떻게 탄생했으며, 이것이 어떻게 지배적인 정치제도로 굳어졌는지를 되돌아볼 필요가 있습니다. 이것은 선거 중심으로 작동하는 현대 민주주의의 본질과 실체를 이해하는 데에도 결정적인 실마리를 제공한다는 점에서 무척 중요한 얘기입니다.

선거의 본래 의미는 무엇이었을까요? 단순하게 말하면, 선거란 애초부터 소수 엘리트를 뽑아 이들의 손에 권력을 넘겨주던 장치였습니다. 프랑스혁명과 미국혁명을 주도한 부르주아들은 일반 민중에게 권력을 맡기면 나라가 엉망이 될 것이라고 여겼습니다. 대신에 똑똑하고 선택받은 소수 엘리트가 권력을 잡아 국가를 통치해야 한다고 믿었습니다. 그래서 고안해 낸 것이 선거를 중심으로 돌아가는 대의제 시스템입니다. 즉, 선거 중심 대의민주주의의 바탕에는 선거로 선출된 엘리트 대표들은 평범한 민중들과는 뚜렷이 구분되며 또 그래야 마땅한, 우월하고 고귀하고 특별한 사람들이라는 생각이 깔려 있었습니다. 선거를 뜻하는 영어 단어 elect와 '뛰어나고 구별된 소수 정예'를 가리키는 단어 elite(엘리트)의 어원이 같은 것은 괜한 우연의 일치가 아닙니다.

이처럼 선거가 처음 도입되고 보편적인 제도로 확산된 배경에는 민주주의로 인한 사회 혼란이나 민중 소요를 막으려는 지배세력의 의도가 자리 잡고 있었습니다. 실제로 시민혁명 주도자들 가운데 상당수는 민주주의를 혼란, 무질서, 가난한 자들의 난폭한 정치, 극단적인 유토피아, 불안정한 무정부 상태 등과 같은 것으로 여겼습니다. 그들 가운데 다수는 법률가, 토지 소유주, 공장 소유주, 사업가 등이었습니다. 미국의 경우는 노예를 부리는 농장 소유주도 많았고요. 부유한 이들 부르주아 엘리트는 봉건적 신분제도를 바탕으로 하는 왕이나 특권 귀족계급을 없애고 싶어 했습니다. 그리고 권력의 주인이 민중이라는 것을 인정하지 않은 것도 아닙니다.

하지만 동시에 이들은 민중은 스스로를 통치할 수 있는 능력을 갖추지 못했다고 여겼습니다. 그래서 자기들이야말로 능력을 갖춘 엘리트로서 민중을 위해 봉사할 수 있고 또 그래야 한다고 주장했지요. 이들이 머릿속에 그렸던 것은 사회 구성원 모두가 권력의 주인이 되는 참된 민주주의 사회라기보다는 소수 엘리트 특권 체제에 가까운 것이었습니다. 이것을 이루는 데 아주 쓸모가 많았던 게 바로 선거였습니다. 모두가 가져야 할 권력을 특별한 소수 엘리트 집단에게 넘겨 통치를 위임해야 한다는 게 선거에 담긴 핵심 논리니까요. 혁명이 성공한 뒤에도 한참 동안이나 투표권이 사회 구성원 전체가 아니라 극히 일부에게만 주어진 이유가 여기에 있습니다.❺

이제 우리는 이런 질문을 던지게 됩니다. 이런 과정을 거치면서 탄생한 선거가 과연 절대다수 유권자의 정치적 권리를 보장하는 민주적 제도일까? 권력이나 부와는 동떨어진 약자와 소수자의 이해관계를 온전히 대변할 수 있을까?

또한 이런 질문도 던질 수 있습니다. 선거에서 유권자에게 주어진 자유의 실체란 무엇인가? 우리가 선거에 참여해 어떤 정당이나 정치인에게 투표를 할 때, 우리는 주어진 선택지 이외의 답을 고를 수 없습니다. 유권자에게 그런 자유는 허락되지 않습니다. 투표용지에 적힌 기존 정당이나 정치인을 찍을 수밖에 없지요. 싫어하는 정당이나 정치인을 표로 '심판'하려면 딱히 지지하지도 않는 다른 정당이나 정치인에게 표를 던져야 할 때도 많습니다. 이것이 지금의 선거 시스템이요 대의민주주의 아래서 벌어지는 일입니다.

비유하자면 선거는 '주관식 시험'이 아니라 '객관식 시험'입니다. 주어진 답 안에서만 정답을 찾아야 하니까요. 그 결과 민주주의를 풍요롭게 살찌울 수많은 정치적 상상력과 가능성이 큰 제약을 받게 됩니다. 옛 체코슬로바키아의 민주화 운동을 이끌었고 체코공화국 초대

---

❺ 민주주의가 이처럼 변질된 역사는 미국혁명에서도 찾아볼 수 있다. 미국 독립선언문을 보면 "정부의 정당한 권력은 피통치자의 동의에서 비롯한다"라는 대목이 나온다. 여기서 주목할 것은 '피통치자의 동의'(영어 원문으로는 'the consent of the governed')라는 표현이다. '통치를 받는 자'의 '동의'를 권력의 근거로 내세우고 있다. 일반 시민이 권력에 참여하는 방법은 '동의'뿐이라는 얘기다. 다스리는 자(통치자)와 다스림을 받는 자(피통치자)를 나누고 다스림을 받는 자에게 주어진 권한은 다스리는 자에 동의하는 것으로 규정된다. 이 동의의 방식이자 절차가 곧 선거다. 미국 헌법을 제정한 미국혁명 주도자들은 '인민주권'을 소리 높여 외쳤다. 하지만 동시에 이들은 일반 시민을 피통치자로 규정하면서 시민의 위상을 낮추려고 했다.

대통령을 지낸 바츨라프 하벨은 정치를 '불가능성의 예술'이라고 표현했습니다. 사람들이 불가능하다고 말하는 것, 특히 기존의 주류 상식이나 고정관념으로는 불가능하다고 여겨지는 것을 이루어 내는 예술이 진정한 정치라는 거지요. 이런 관점에서 말하자면 지금의 대의민주주의는 정치를 실현하는 데에도, 예술을 구현하는 데에도 모두 실패하고 있습니다.

어떤 문제든 뿌리를 추적하다 보면 역사와 연결됩니다. 현대 민주주의의 뼈대를 이루는 대의민주주의와 자유민주주의 또한 마찬가지입니다. 살펴본 대로 민주주의의 현주소는 민주주의의 역사적 산물입니다.

사회주의, 너는 어디 있느냐

이제 사회주의 이야기입니다. 오늘날 사회주의는 인기도 없고 별다른 관심을 끌지도 못합니다. 낡고 뒤떨어진, 오류와 실패로 판정된, 그래서 쓸모없고 철 지난 이데올로기로 치부되고 있지요. 하지만 민주주의 역사를 살펴보면 사회주의가 민주주의 발전에 크게 이바지한 바가 있다는 것을 확인할 수 있습니다. 동시에 사회주의 이야기는 오늘날의 민주주의에 의미심장한 시사점을 제공하기도 합니다.

민주주의 시민혁명이 이루어지던 18세기 당시가 자본주의의 본격적인 발전 과정과 맞물려 있다는 얘기는 앞에서 했습니다. 자본주의

체제에서 사회의 다수이자 중심 세력을 이루는 건 노동자입니다. 하지만 당시 이들은 투표권 같은 정치적 권리도 없었을 뿐더러 극심한 가난과 가혹한 노동에 시달렸습니다. 억압과 착취의 사슬에 묶인 노동자 계급의 삶은 비참했습니다.[6] 그리하여 이제 노동자들은 새로운 지배계급으로 자리 잡은 부르주아에 맞서 싸우게 됩니다. 바야흐로 노동운동이 들불처럼 번져 나가기 시작한 거지요.

이런 흐름이 역사에서는 칼 마르크스로 상징되는 사회주의 운동으로 나타났습니다. 이들은 이윤만을 좇는 냉혹한 자본주의 사회에서는 노동이 착취당하고 불평등이 깊어져 인간다운 삶을 누릴 수 없다고 여겼습니다. 그래서 이들은 자본주의가 신성하게 떠받드는 사적 소유권에 반기를 들면서, 정치적 평등은 물론 임금 인상, 노동조건 개선, 노동조합 활동의 자유, 토지를 비롯한 생산수단의 국유화, 공장의 공동 소유와 공동 운영 등을 강력하게 주장했습니다.

이들이 보기에 시민혁명 이후 펼쳐진 민주주의, 곧 자유민주주의는 부자를 위한 것이었습니다. 달리 말하면, 자본주의 사회에 알맞도록 짜인 자유민주주의는 소수의 지배계급인 부르주아가 노동자를 비

---

[6] 자본주의는 모든 사람이 일한 만큼 돈을 벌 수 있는 체제라고 선전되었다. 자본주의는 자본가와 노동자가 동등한 자격으로 서로 노동 계약을 맺고 노동자는 자기가 노동한 대가를 받을 수 있는 제도다. 적어도 이론만 보면 그렇다. 이에 따라 모든 이가 일한 만큼 자기 몫을 가져갈 수 있고 누구나 열심히 일하면 부자가 될 수 있다는 희망을 심어 주었다. 하지만 현실은 판이했다. 노동자들은 가혹하게 착취당하면서 혹독한 장시간 노동에 시달려야 했다. 어린아이들조차 힘들고 위험한 노동을 하지 않으면 가족들이 먹고살 수 없는 경우가 허다했다. 반면에 공장 소유주를 비롯한 자본가들은 노동자들을 착취한 대가로 막대한 부를 쌓아 올렸다. 노동자들의 처지는 갈수록 비참해졌고 사회적 불평등은 깊어만 갔다.

롯한 다수의 피지배 무산계급, 즉 프롤레타리아를 억압하고 착취하는 정치 질서일 뿐이라는 거지요. 그래서 사회주의자들은 자유민주주의를 자본가들의 계급 독재 시스템이라고 규정했습니다. 다수의 프롤레타리아가 주체가 되어 억압과 착취가 없는, 다시 말하면 계급을 철폐한 사회를 건설하는 것이 사회주의 운동의 목표가 된 것은, 그러므로 당연한 일이었습니다. 아울러 이들은 경제적이고 물질적인 평등을 이루어야 정치적인 평등, 곧 진정한 민주주의 또한 이룰 수 있다고 굳게 믿었습니다. 요컨대, 다수의 노동자가 사회 전체를 위해 경제를 운영함으로써 평등한 세상을 건설하자는 것이 사회주의가 품은 이상이었던 거지요.

당시 수많은 노동자가 이런 사회주의 운동에 공감하고 열광했습니다. 또 직접 참여한 사람도 많았습니다. 그 결과 새로운 혁명의 움직임이 곳곳에서 터져 나왔습니다. 그 절정이 바로 1917년의 러시아혁명입니다. 역사상 최초로 성공한 사회주의 혁명이었지요. 레닌이 주도한 러시아혁명은 러시아를 넘어 당시 전 세계 수많은 민중에게 희망의 빛을 던져 주었습니다. 하지만 그 뒤 사회주의는 우여곡절을 거친 끝에 원대한 이상을 이루기는커녕 결국은 실패로 끝나고 말았습니다. 1980년대 말에서 1990년대 초에 이르는 시기에 벌어진 일입니다. 당시 사회주의 종주국인 소련을 비롯해 지구상에 존재하던 거의 모든 사회주의 체제가 순식간에 무너지고 말았지요.

사회주의 실험이 실패로 끝난 이유는 뭘까요? 이를 둘러싸고 숱한 논쟁이 벌어졌습니다. 분명한 것은, 사회주의가 애초 주장이나 이상과는 달리 실제로는 민주주의와 반대되는 길을 걸었다는 점입니다. 사회주의 아래서 국가 운영 시스템은 권력이 고도로 중앙 집중화된 공산당 일당 독재 체제로 변질했습니다. 민주적인 의사 결정, 자유로운 토론, 권력에 대한 비판의 자유 같은 것은 찾아보기 어려워졌습니다. 시민은 감시와 통제와 동원의 대상으로 전락했습니다. 그 와중에 사회주의 체제는 강압적 권위주의와 비효율적 관료주의에 찌든 '비대한 괴물'처럼 변했고, 결국은 와르르 무너져 내리고 말았습니다.

하지만 사회주의 운동은 민주주의 역사에 굵은 발자취를 남겼습니다. 그 이유는 다음과 같습니다.

당시 사회주의 운동과 러시아혁명은 부르주아를 비롯한 세계 지배 계급을 크게 긴장시키며 경각심을 일깨웠습니다. 자기들이 억눌러 온 노동자 계급이 혁명을 일으켜 권력을 차지할 수도 있으리란 가능성이 현실로 나타났으니까요. 그래서 부르주아 권력자들은 이제 새로운 지배 전략을 들고 나옵니다. 선거권 확대와 복지 강화 등이 그것입니다.

선거권을 확대하지 않으면 민중의 분노가 폭발해 자기들의 지배체제를 유지하는 데 애를 먹을 우려가 컸습니다. 선거권 확대는 그런 위험한 상황을 미리 예방하는 효과를 낳았습니다. 복지를 강화한 것도 다르지 않습니다. 민중을 무한정 쥐어짜기보다는 최소한 먹고살 수 있을 정도로는 숨통을 틔워 줘야 이들의 불만이 폭발하는 사태를 막을 수 있으리라고 판단한 거지요. 이처럼 당시 지배세력은 노동자들의 저항이 혁명으로 치닫기 전에 노동자들에게 어느 정도는 양보하는 게 자기들 지배체제 유지에 더 유리하다고 생각했습니다.

결국 이렇게 보면, 선거권 확대나 복지 강화와 같은 민주주의의 소중한 성과는 노동자들의 끊임없는 투쟁의 산물인 셈입니다. 동서고금의 역사가 잘 보여 주듯이 강자가, 특히 지배세력이 자발적으로 먼저 양보하는 법은 없습니다. 그렇습니다. 민주주의가 발전하고 자본주의가 자기 내부 문제를 교정하면서 성장을 거듭할 수 있었던 배경에는 노동자 계급 중심의 사회주의 운동이 깔려 있다고 할 수 있습니다. 이런 맥락에서 민주주의와 자본주의가 사회주의에 '감사해야(?)' 한다고 하면 지나친 말일까요? ❼

❼ 사회주의는 특히 평등 개념을 넓히는 데 공헌한 바가 크다. 사회주의자들이 보기에 부르주아가 주도하는 자유민주주의에서 평등은 형식적인 법에 따른 피상적인 기회의 평등일 뿐이었다. 이들이 중요하게 여긴 것은 실질적인 사회경제적 평등이었다. 나아가 이들은 자유민주주의의 형식적이고 법적인 평등은 소수의 사람이 대다수 사람을 지배하고 착취하는 자본주의의 실제 현실을 은폐하는 구실도 한다고 비판했다. 누구나 법 앞에서는 평등하다는 환상이 현실의 불평등을 알아차리지 못하게 함으로써 결과적으로 기존 체제를 유지하는 데 도움을 준다는 것이다. 사회주의의 날카로운 현실 비판은 불평등을 비롯한 자본주의의 폐해가 갈수록 깊어 가는 오늘날 상황에서 되새겨 볼 대목이 적잖다.

돈과 경쟁의 노예로 전락한다면

지금껏 살펴봤듯이 중세가 물러가고 새로운 근대가 뿌리를 내리는 과정은 격변의 연속이었습니다. 절대왕정 붕괴, 민주주의 시민혁명의 성공, 부르주아 자본가 계급의 전면 등장, 노동자 계급을 중심으로 한 민중의 저항, 사회주의 운동 등과 같은 사건들이 그 역사의 흐름을 수놓았지요. 그 뒤에도 민주주의는 계속해서 제국주의와 파시즘❽, 두 차례에 걸친 세계대전, 자본주의 진영과 사회주의 진영 사이에 벌어진 이른바 '동서 냉전', 신자유주의 세계화 바람 등을 거치면서 변신을 거듭하게 됩니다.

이 책의 문제의식과 특히 긴밀하게 연결되는 대목은 세 가지입니다. 두 가지는 앞에서 언급했습니다. 하나는 자유민주주의 이야기입니다. 18세기 시민혁명 이후 서서히 자리 잡기 시작한 민주주의는 당시 떠오르는 신흥 세력이었던 부르주아의 이해관계를 반영하는 자유

---

❽ 자본주의 경제 시스템은 본질적으로 끝없는 성장을 추구한다. 그래서 성장에 필요한 자원과 노동력을 갈수록 더 많이 확보해야 하고, 상품을 만들어서 팔 시장 또한 끝없이 확장해야 한다. 이에 따라 유럽 강대국들은 아시아와 아프리카를 비롯해 세계 곳곳을 침략해 식민지를 개척한 뒤 그곳의 자원과 노동력을 착취했다. 이것이 제국주의다. 그러다 보니 서로 더 많은 식민지를 차지하려는 강대국들끼리의 경쟁이 치열해졌다. 이런 갈등과 대립이 빚은 결과가 세계대전이다. 전쟁은 수많은 나라와 사람에게 패배감과 절망감을 안겨 주었고, 끝내는 파시즘이라 불리는 '괴물'을 낳았다. 파시즘이란 개인의 자유를 부정하고 국가와 통치자에 대한 절대 복종을 강요하는 극단적인 전체주의·군국주의 이념을 말한다. 전체주의란, 개인은 민족이나 국가와 같은 전체의 존립과 발전을 위해서만 존재한다는 생각 아래 개인의 자유를 억압하는 사상을 말한다. 국가의 목표를 이루는 게 최우선이고, 이를 위한 개인의 희생을 당연한 것으로 여긴다. 군국주의란, 국가의 목적을 군사력에 기초한 밖으로의 팽창이나 발전에 두고 전쟁을 위한 정책이나 제도를 가장 중요하게 여기는 이념을 뜻한다. 이런 것들이 뒤섞이고 합쳐진 것이 파시즘이다. 600만 명의 유대인 학살로 악명 높은 아돌프 히틀러의 독일 나치즘이 대표적이다.

민주주의의 꼴을 갖추게 되었습니다. 개인의 자유와 권리, 그 가운데서도 사유재산권을 중시하는 자유주의 철학을 기반으로 하면서 '사적인 것'의 중요성을 각별히 강조하게 되지요.

다른 하나는 대의민주주의 이야기입니다. 시민혁명 이후 소수 엘리트 중심의 선거 시스템과 통치 구조를 골간으로 하는 대의민주주의가 자유민주주의와 결합하면서 민주주의의 지배적인 형태로 굳어졌습니다. 특히, 2차 세계대전이 끝난 1945년 이후 대의민주주의는 자본주의의 융성과 맞물려 세계 대부분 나라로 퍼져 나갔고, 그 결과 마치 민주주의의 유일한 대표주자인 것처럼 군림하게 되었습니다.

앞에서 다루지 않은 세 번째 이야기는 신자유주의 세계화에 관한 것입니다. 이것은 지금의 세상을 강력하게 규정하고 있는 현상인 만큼 좀 더 깊이 살펴볼 필요가 있습니다. 신자유주의 세계화는 1980년대 즈음부터 밀어닥치기 시작해 곧 세계 전체를 호령하는 풍조가 되었습니다. 세계화란 말 그대로 세계 전체가 하나의 틀로 묶이는 현상을 가리킵니다. 나라들 사이의 경계가 흐릿해지고 특히 경제 분야를 중심으로 세계 전체가 하나의 체제로 통합돼 간다는 거지요.

문제는 이렇게 하나로 통합된 세계 전체를 시장으로 삼아 큰돈을 벌어들이는 소수의 다국적 거대 기업이 이 과정에서 엄청난 힘을 거머쥐게 되었다는 점입니다. 이들은 무한경쟁과 자유무역을 지향합니다. 효율, 경쟁, 생산성 등을 앞세워 최대한 수익을 많이 남기는 것, 곧 이윤 극대화를 최고 목표로 삼습니다. 기업과 자본에게 최대한 자유로운 돈벌이 활동을 보장해 주어야 한다고 주장하는 것이 신자유주의 논리입니다. 하지만 여기서 말하는 '자유'란 모두가 평등하게 누리는 보편적 자유가 아니라 자본의 자유, 기업과 시장의 자유, 강자와 승자와 부자의 자유입니다. 그리고 그 결과는 이긴 자와 힘센 자가 부와 권력을 싹쓸이하는 승자(또는 강자) 독식 세상입니다. 지금의 사회를 '시장사회'라 일컫고 지금의 국가를 '기업국가'라 불러야 한다는 목소리가 높아지는 배경입니다.

그 결과 남은 것은 뭘까요? 돈과 힘의 논리가 지배하는 세상입니다. 이런 곳에서는 어떤 일이 벌어질까요? 익히 짐작할 수 있듯이 양극화와 불평등이 깊어집니다. 빈곤이 늘어납니다. 자연 생태계가 망가집니다. 공적인 가치가 외면당하고, 대다수 시민의 이익을 지키는 제도나 정책이 무너집니다. 인간과 자연을 비롯해 모든 것이 시장에서 사고파는 상품으로 전락합니다. 사회 전체가 이기적 욕망과 파괴적 경쟁의 악순환에 빠집니다. 그 결과 물질의 소유와 소비를 우상처럼 떠받드는 물신주의와 황금만능주의가 활개를 치게 됩니다.

표현이 지나치게 부정적이고 극단적으로 여겨지나요? 하지만 이것은 엄연한 사실입니다. 헝가리 출신 경제사상가 칼 폴라니는 이런 현실을 '악마의 맷돌'이라는 비유로 설명했습니다. 곡식을 갈아 가루로 만드는 맷돌처럼 지금의 경제 시스템은 모든 것, 이를테면 인간이든 자연이든 사회든 민주주의든 공공성이든 무엇이든 자기 안에 들어오기만 하면 모조리 갈고 짓이겨 똑같은 상품으로 만들고 만다는 얘기지요. 그 결과 인간은 노동력을 제공하는 생산요소나 상품을 판매할 대상으로 여겨집니다. 자연은 성장의 도구이자 개발의 대상이자 자원 저장 창고쯤으로 취급됩니다. 삶에는 물질 외에도 다른 목표와 가치가 있다는 생각은 무시당합니다. 이것이 신자유주의 세계화가 낳은 결과이며, 지금 우리가 살아가는 세상의 실체입니다.

세계 가톨릭(천주교) 교회의 최고 지도자인 프란치스코 교황 또한 이렇게 말했습니다. "고삐 풀린 지금의 자본주의 경제는 독재와 다름없다. 이 독재자는 무자비하게 자신의 법칙만을 따를 것을 강요하며, 윤리와 심지어 인간마저도 비생산적인 것으로 취급한다. … 어떻게 주가지수가 2포인트 떨어지는 것은 뉴스가 되는데 집 없는 노인이 거리에서 죽어 가는 것은 뉴스거리도 되지 않을 수 있단 말인가. 많은 사람이 자기 자신을 쓰고 버려지는 '소비재'라고 여기지만, 이제는 심지어 쓰이지도 않은 채 그냥 '찌꺼기'처럼 버려지고 있다. … 정치 지도자들이 '가난한 자와 부를 나누지 않는 것은 그들이 마땅히 가져야 할 것을 도둑질하는 것'이란 옛 성인들의 말을 되새기기 바란다."

이런 현실이 민주주의에는 어떤 영향을 미칠까요? 한마디로 말하면 '재앙'이 아닐까요? 공동체의 토대가 허물어지고, 대다수 사회 구성원의 삶이 황폐해지며, 사람이 아닌 돈이 주인 노릇하는 곳에서 민주주의가 온전하기를 기대하는 것은 나무에서 물고기를 구하는 것과 다를 바 없으니까요. 냉혹한 '자본의 독재' 아래서 삶의 주인이어야 할 인간은 돈의 노예로 전락하기 십상입니다. 평등하고도 우정 어린 연대 대신 무자비한 승자 독식의 경쟁이 사회 전체를 짓누릅니다. 자유는 돈 많고 힘센 소수 특정 세력이 독점적으로 누리는 '사치품'으로 뒤바뀝니다. 이런 판국이니 민주주의의 위기를 우려하는 목소리가 높아지는 것은 당연한 일입니다.

　지금까지 민주주의의 역사를 간략하게나마 되짚어 본 것은 단지 역사 공부가 중요해서만이 아닙니다. 우리가 살아가는 '지금 여기'를 성찰할 수 있는 단서를 찾기 위해서입니다. 이제 그렇게 해서 찾아낸 단서를 토대로 현대 민주주의의 실체를 보다 깊이 들여다볼 차례입니다. 먼저 검토할 것은 말도 많고 탈도 많은 현대 민주주의의 대명사, 대의민주주의입니다.

민주 선거의 4대 원칙은 보통, 평등, 직접, 비밀선거다. 보통선거는 일정 나이(우리나라의 경우는 현재 만 19살, 이하 모든 나이 표기는 공식 표기 방식인 만 나이를 가리킨다) 이상의 국민은 성별, 신분, 인종, 재산, 종교, 교육 수준 등에 관계없이 모두 동등한 선거권을 지닌다는 원칙이다. 평등선거는 모든 유권자는 한 표씩의 권리를 행사하고 그 한 표의 가치는 모두 똑같다는 원칙이다. 직접선거는 유권자가 다른 사람을 통하지 않고 자기가 직접 투표하는 원칙이다. 비밀선거는 누가 누구에게 투표했는지 다른 사람들이 알 수 없게 하는 원칙이다.

우리는 선거를 이런 원칙에 따라 치르는 것에 익숙하다. 하지만 이런 민주 선거 원칙이 확립된 것은 그리 오래된 일이 아니다. 물론 나라마다 그 시점은 다르다. 여태껏 보통선거를 실시하지 않는 나라들도 있다. 기억할 것은, 민주 선거가 제도로 뿌리내리기까지는 길고도 격렬한 투쟁이 있었다는 사실이다. 그 과정에서 희생도 컸다. 대표적인 몇몇 나라만 살펴보자.

영국의 경우, 청교도혁명(1642-1660)이나 명예혁명(1688) 같은 시민혁명 직후만 해도 선거권이 부여된 사람은 귀족과 부자 등을 비롯해 전체 인구의 2퍼센트에 지나지 않았다. 1918년 30세 이상 여성, 1928년 21세 이상 모든 여성에게 남성과 동등한 선거권이 주어지기까지 200년이 훌쩍 넘는 세월이 걸렸다. 그 과정에서 여성들은 큰 대가를 치렀다. 대표적으로 여성 운동가 에밀리 데이비슨 사례를 들 수 있다. 에밀리 데이비슨은 여성한테도 선거권을 달라는 시위를 벌이다 몇 차례나 체포되는 등 수

난을 겪었다. 그러다 1913년 국왕과 귀족들이 참여한 가운데 열린 경마대회에서 여성 선거권 보장을 외치며 전속력으로 내달리는 국왕의 경주마 앞에 뛰어들었다. 말 발굽에 짓밟힌 그녀는 치명적인 부상을 당해 결국 사망하고 말았다. 장례식이 열리자 그녀의 죽음에 분노한 수많은 여성이 참여해 시위를 벌였다. 이것이 기폭제가 되어 남성과 평등한 권리를 누리고자 하는 여성들의 투쟁이 거세게 불타올랐다. 영국에서 여성 선거권은 이런 희생과 저항을 거치고서야 비로소 확립될 수 있었다.

프랑스의 경우는 1789년 시민혁명 이후 40여 년이 지난 1830년까지도 투표권을 가진 사람은 '일정 액수 이상의 직접세를 내고 재산을 소유한 30세 이상의 남성'으로 국한됐다. 이 잣대에 들어맞는 사람은 당시 프랑스 전체 인구의 0.3퍼센트 정도에 지나지 않았다고 한다. 프랑스에서 완전한 보통선거가 실시된 것은 1944년에 이르러서였다.

우리나라는 1948년 5월 10일 대한민국 정부 수립을 위한 총선거 때부터 보통선거가 시행됐다. 독일은 1919년, 미국은 1920년, 이탈리아와 일본은 1945년, 그리스는 1951년, 멕시코는 1953년, 스위스는 1971년부터 보통선거가 이루어졌다. 인종차별이 여태껏 기승을 부리는 미국에서 흑인에게도 전면적으로 투표권이 주어진 것은 1965년이었다. '아파르트헤이트'라는 혹독한 인종차별 정책으로 악명을 떨쳤던 남아프리카공화국에서 흑인이 투표권을 얻은 것은 1994년이고, 왕정 독재 국가인 사우디아라비아에서 여성에게 선거권을 인정한 것은 극히 최근인 2015년이다.

이런 식이다. 재산을 가진 백인 남성이 아닌 사람들, 예컨대 여성, 가난한 노동자, 유색인종 등이 제대로 된 선거권을 누리기까지는 수백 년의 세월이 걸렸다. 오늘날 많

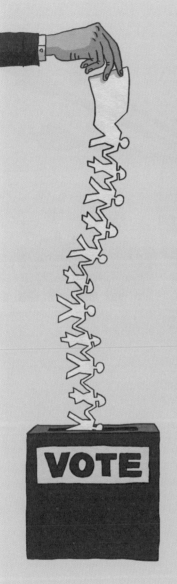

은 사람이 당연하게 여기는 선거권은 피눈물로 얼룩진 기나긴 투쟁과 저항의 산물이다. 한데, 본문에서 지적했듯이 선거제도는 민주주의의 본뜻에 비춰 봤을 때 한계나 모순이 뚜렷하다. 그런 선거권을 얻으려고 숱한 사람이 커다란 희생을 무릅쓰면서 싸운 것이다. 물론 당시 상황에서는 선거권 쟁취가 민주주의 발전을 촉진하는 아주 긴요한 요소였다. 결국, 선거는 민주주의 발전에 중대한 공헌을 한 동시에 민주주의를 변질시키는 구실도 하는 셈이다. 민주주의의 얄궂은 역설이다.

2 대의민주주의를 쏘다

선거나 정치에 무관심과 냉소를 보내는 사람이 늘어나는 게 세계적인 현상입니다. 대의민주주의가 깊은 위기에 처한 건 그 당연한 결과입니다. 핵심은 민주주의의 정체성과 정당성 위기입니다. 오늘날 민주주의는 마치 시장에서 물건을 선택하는 쇼핑 같은 것으로 변질되고 말았다는 지적에 많은 사람이 공감합니다. 시민이 할 수 있는 일이라는 게 정치라는 시장에서 서로 경쟁하는 엘리트들 가운데 누가 자기를 지배할 것인지를 선택하는 것과 다르지 않다는 것이지요.

구경꾼 민주주의, 소비자 민주주의

이미 설명했듯이 대의민주주의란 선거로 대통령, 국회의원, 시장, 지방의원 등과 같은 대표를 선출하고 이 대표들이 국민을 대신해 정치와 공적인 의사 결정, 국가 운영을 해 나가는 간접민주주의를 일컫습니다. 중요한 얘기여서 한 번 더 강조해 둘 것은 민주주의와 대의민주주의를 똑같은 것으로 여기거나 대의민주주의 외에는 다른 민주주의가 없다고 생각하는 것은 잘못이라는 점입니다. 대의민주주의는 민주주의의 한 종류이자 갈래일 뿐입니다.

우선 대의민주주의를 합리화하고 옹호하는 견해들을 살펴보겠습니다. 이것은 대의민주주의가 널리 퍼지게 된 이론적 배경이 된다는 점에서 짚어 보고 넘어가는 게 좋습니다. 가장 자주 거론되는 것은 시간적·공간적인 제약 탓에 직접민주주의를 실천할 수 없으므로 대의민주주의를 받아들일 수밖에 없다는 주장입니다. 그러니까, 사회가 거대해지고 복잡해지면서 모든 사람이 한곳에 모여 직접 논의하고 결정하는 것은 불가능해졌기 때문에 좋든 싫든 대의민주주의를 선택할 수밖에 없다는 얘기지요. 전문가나 엘리트의 중요성을 강조하면서 대의민주주의를 주장하기도 합니다. 이에 따르면, 거대하고 복잡한 현대사회는 전문적인 능력을 갖춘 소수의 사람만이 관리하고 운영할 수 있다고 합니다. 특별한 자격을 갖춘 소수 엘리트가 다수의 보통 사람을 대신해 정치와 통치를 떠맡아야 세상이 제대로 굴러갈 수 있다는 거지요.

89

이런 주장에 전혀 일리가 없는 건 아닙니다. 그럼에도 현실에서 드러나는 대의민주주의의 중대한 결함과 한계는 대의민주주의의 정당성을 근본적으로 무너뜨리고 있습니다. 가장 큰 문제는, 대의민주주의 아래서 시민은 민주주의나 정치의 주체가 아니라 '구경꾼' 신세로 전락할 수밖에 없다는 점입니다. 이른바 '구경꾼 민주주의' 또는 '관객 민주주의'의 문제입니다.

일반 시민들은 평소에 얼마나 정치활동에 참여할까요? 물론 사람마다 다르겠지만, 대다수는 몇 년 만에 한 번씩 돌아오는 선거에서 특정 후보자나 정당에 한 표를 던지는 게 정치 참여의 전부인 것이 현실입니다. 그래서 선거는 대개 정치 엘리트들의 경쟁 무대로 변질됩니다. 이는 결과적으로 엘리트의 영구적인 지배체제를 정당화하는 구실을 합니다.

이제 우리는 민주주의의 가장 소중한 원리가 '스스로 다스림', 곧 '자기 지배'와 '자기 통치'임을 잘 알고 있습니다. 특히 입법이나 정책 결정 등과 같이 자기 삶에 중요한 영향을 미치는 일에 직접 참여하는 게 관건이지요. 대의민주주의는 민주주의의 이런 기본 원리에 어긋납니다. 권력의 주인이어야 할 시민이 선거 때만 반짝 주권자 시늉을 할 뿐 평소에는 통치 대상에 지나지 않으니까요. 여기서 우리는 18세기 프랑스의 계몽주의 철학자 루소의 날카로운 지적을 떠올리게 됩니다. "국민은 자기들이 자유롭다고 생각하는데, 이는 잘못 생각해도 한참이나 잘못 생각하는 것이다. 국민이 자유로울 수 있는 건 단지 의회 구성원을 뽑는 선거 기간뿐이다. 일단 의원이 선출되고 나면 그 즉시 국민은 노예가 되어 버린다." 대의민주주의의 가장 큰 한계이자 결점이 이것입니다.

대의민주주의에 제기되는 또 다른 중요한 의문은 이것입니다. 다수 대중을 대표한다는 엘리트가 일반 시민보다 우수하고 우월하다는 근거가 있는가? 실제로는 어떠한가? 그 기준이 지적인 재능이든 도덕적인 자질이든 삶의 경험이나 지혜든 상관없이 말입니다.

물론 모두가 그렇지는 않지만, 우리가 자주 보는 권력 엘리트, 정치 엘리트, 관료 엘리트들은 일단 뭔가로 선출되어 권력을 손에 넣으면 시민을 주인으로 섬기기보다는 시민 위에서 군림하는 경향이 강합니다. 그래서 권력을 제멋대로 사용하곤 합니다. 공적인 권력과 지위를 악용해 사적인 욕심을 채울 때도 적지 않습니다. 시민의 삶과는 동떨어진 특권과 특혜를 당연한 것처럼 누릴 때도 많고 '반칙'도 자주 저지릅니다. 게다가 엘리트라고 불리는 사람들 가운데에는 무능하고 무책임한 사람, 윗사람과 강자한테는 아부하고 굴종하면서도 아랫사람과 약자들에게는 함부로 횡포를 부리는 사람도 많습니다.

이것은 비단 우리나라뿐만 아니라 세계 전체에서 공통적으로 나타나는 현상입니다. 또한 이것은 엘리트 개인의 문제를 넘어섭니다. 소수가 권력을 독점할 때 나타나기 마련인, 말하자면 권력이라는 것 자체의 본질적 속성이기도 하지요. 그래서 이런 현상은 권력이 아래로 분산되지 않고 상층의 중앙으로 집중될 때 특히 두드러지게 나타납니다. 정치와 행정 시스템이 비대해지고 비효율적으로 변하면서 필연적으로 불거지는 관료주의 문제도 이와 무관치 않고요.

그래서입니다. 선거나 정치에 무관심과 냉소를 보내는 사람이 갈수록 늘어나는 게 오늘날 세계적인 현상입니다. 대의민주주의가 깊은 위기에 처한 건 그 당연한 결과입니다. 핵심은 민주주의의 정체성과 정당성 위기입니다. 수많은 사람이 대의민주주의가 과연 진짜 민주주의일까 하는 의구심을 품고 있습니다. 그에 따라 엘리트와 시민을 이어 주는 의회, 정당, 이익집단 등의 구실이나 권위, 이들에 대한 신뢰 등도 덩달아 낮아지고 있습니다. 특히 오늘날 시민들은 선거로는 제대로 된 사회 변화를 이루기 힘들다는 것을 깨닫고 있습니다. 정치인, 의회, 정당, 이익집단 등을 통해 정책 결정 과정에 영향력을 행사하는 데에도 큰 한계를 느끼고 있습니다. 그 결과 많은 사람이 정치적 무력감이나 소외감에 시달리고 있습니다.

비슷한 맥락에서 "오늘날 민주주의는 마치 시장에서 물건을 선택하는 쇼핑 같은 것으로 변질되고 말았다"라는 지적에 많은 사람이 공감합니다. 시민이 할 수 있는 일이라는 게 정치라는 시장에서 서로 경쟁하는 엘리트들 가운데 누가 자기를 지배할 것인지를 선택하는 것과 그리 다르지 않다는 얘기지요. 이것은 시민이 민주주의나 정치의 수동적인 소비자 신세로 전락했음을 뜻합니다. '소비자 민주주의'라는 말이 널리 쓰이게 된 까닭이지요.

시민 참여의 부재. 정치에 대한 무관심과 불신의 증대. 오늘날 대의
민주주의가 처한 위기를 가장 뚜렷이 보여 주는 현상이 이것입니다.
능동적으로 참여하는 게 아니라 그저 수동적으로 몇 년에 한 번씩 투
표나 하는 무기력한 시민. 내가 원하는 정치를 스스로 '생산'하는 게
아니라 선택할 수 있는 것이라고는 단지 시장에 진열된 기성의 정치
상품밖에 없는 소비자 시민. 기성 정당과 정치인, 관료, 언론, 이익집
단 등에 자기 목소리를 빼앗긴 소외된 시민. 이것이 오늘날 대의민주
주의 아래서 살아가는 시민의 모습입니다.

대의민주주의는 무엇을, 얼마나 대표하는가?

우리는 앞에서 선거가 소수 엘리트 특권 세력의 지배체제 강화와 유지를 위한 것이라는 사실을 확인한 바 있습니다. 곁들여 선거에 깃든 환상과 속임수도 알아보았습니다. 그런 논의의 연장선에서 우리는 새삼 이런 의문을 품게 됩니다. 지금의 대의민주주의가 대표하는 것은 과연 무엇일까? 만약 대표한다면 얼마나 제대로 대표하고 있을까?

단적인 보기로, 대표적인 대의기구로 꼽히는 의회, 곧 국회를 한번 살펴보겠습니다. 국회의원은 누구나 될 수 있지만 아무나 될 수는 없습니다. 누구든 국회의원에 출마할 자유가 있고 공직을 맡을 수 있는 평등이 법으로 보장돼 있습니다. 하지만 이것이 현실에서는 '빛 좋은 개살구'일 때가 많습니다. 잘 알다시피 국회의원 대다수는 돈 많은 부자, 이름이 널리 알려진 유명인사, 법조인·교수·고위관료·언론인 같은 이른바 전문직 종사자들입니다. 우리 주변에서 흔히 볼 수 있는, 그래서 우리의 '자화상'이라고 할 수 있는 평범한 서민들, 이를테면 공장 노동자, 농민, 월급쟁이 회사원, 중소 자영업자, 가게 종업원, 알바 노동을 하는 청년 등과 같은 사람들 가운데 과연 얼마나 국회의원이 될 수 있을까요?[1]

대의민주주의가 민주주의의 구실을 온전히 하려면 수많은 계층과 집단을 제대로 대표해야 합니다. 이들의 다양한 입장과 이익을 대변해야 합니다. 계급, 성별, 나이(세대), 지역, 재산, 학력, 직업, 인종, 종교 등 여러 측면을 아우르는 다양성과 포괄성을 확보해야지요. 의회는 사회 전체의 정확한 초상화이자 축소판이 되어야 합니다. 그래야 민주주의는 건강하게 작동할 수 있습니다. 하지만 현실은 그렇지 않습니다.

　대의민주주의를 지탱하는 또 하나의 중요한 기둥인 정당도 크게 다르지 않습니다. 특히 우리나라의 정당 구조는 아주 기형적입니다. 이를테면 사회 구성원 다수가 노동자임에도 노동자 계급을 제대로 대변하는 정당이 없습니다. 이념적 갈래의 두 축인 보수와 진보 가운데 진보 이념을 온전히 구현하는 정당도 없습니다. 물론 명확하게 노동자 계급의 입장과 진보 이념을 표방하는 정당 자체가 없는 건 아닙니다. 하지만 아주 작고 약한 정당들이어서 정치적 영향력이나 존재감이 미약합니다. 일반 시민들의 관심과 호응도 낮은 편이고요.❷

　우스꽝스러운 일이 벌어지기도 합니다. 대표적인 게 정당이나 정치

---

❶ 지난 2016년 5월 출범한 우리나라 20대 국회의원의 면면만 살펴봐도 그렇다. 300명에 이르는 20대 국회의원의 평균 재산은 약 41억 원이다. 이에 견주어 우리나라 가구당 평균 재산은 3억 6000만 원이다. 약 11배나 차이가 난다. 여성 의원 비율은 고작 17퍼센트에 지나지 않는다. 세상의 절반이 여성인데도 말이다. 20~30대 의원은 겨우 세 명뿐이다. 국회의원들 절반 이상은 대학원을 졸업했다. 이에 비해 우리나라 30세 이상 성인 가운데 대학을 졸업한 사람 비율은 40퍼센트에 머문다. 이것이 현실이다.

❷ 간단히 말해 진보란 가능한 한 세상을 새롭게 바꾸자는 입장을 뜻한다. 변화에 적극적이고 능동적이다. 반대로 보수란 웬만하면 기존 질서나 전통을 지키자는 입장이다. 변화에 소극적이고 수동적이다. 변화보다는 현상 유지와 안정을 중시한다. 좌파와 우파란 용어도 자주 쓴다. 좌파란 사회적 평등, 분배, 복지, 공동체, 시민 연대 등을 중시하고 자본주의를 비판하거나 반대하는 정치 성향(과 정치세력)을 가리킨다. 반대로 우파는 개인의 자유와 재산권, 경제성장, 경쟁, 효율 등을 중시하고 자본주의를 옹호하는 입장을 취한다. 대체로 진보는 좌파와, 보수는 우파와 겹친다. 그래서 '보수우파'나 '진보좌파' 같은 말을 흔히 쓰는 데서 보듯 각각 한 쌍으로 묶이기도 한다. 하지만 엄밀히 따지면 뜻하는 바는 조금 다르다. 좌파이면서 보수주의일 수도 있고 우파이면서 진보주의일 수도 있다. 어느 한쪽으로 치우치지 않고 중간적 입장을 취하는 경우는 중도라 부른다.

인들의 이념적 구분법입니다. 예를 들어, 보편적인 기준으로 볼 때 보수나 우파 쪽으로 분류돼야 할 정당(정치인)이 우리나라에서는 진보나 좌파로 규정될 때가 많습니다. 유럽 정치의 기준으로 보면 중도나 중도우파쯤으로 분류될 정당이나 정치인이 '종북 좌파', 곧 '빨갱이'로 매도당하기까지 하지요. 이것은 사회라는 운동장이 오른쪽으로 너무 기울어진 탓에 좌우를 나누는 기준선 또한 오른쪽으로 지나치게 치우쳐 있는 탓입니다. 문재인 대통령도 ≪1219 끝이 시작이다≫라는 책에서 이렇게 말한 적이 있습니다. "좌파는커녕 중도에도 미치지 못하는 한국의 중도우파 노선 정치세력이 극우세력으로부터 종북 좌파로 몰리는 건 한국만의 후진적 정치 현실일 뿐입니다."

이런 얘기를 꺼낸 이유는 '대의민주주의의 심장'이라고 할 수 있는 의회가 시민 전체의 대표기관이라기보다는 돈 많고 힘센 소수집단의 이해를 대변하는 쪽으로 크게 기울어져 있는 현실을 강조하기 위함입니다. 아울러, 정치인들 또한 사회 전체의 공적인 이익보다 자기 자신과 소속 정당의 사적이고 정파적인 이익을 추구하는 데 몰두한다는 질타도 만만찮습니다. 미국도 비슷합니다. 미국 정치 또한 소수의 대기업, 금융 자본, 막강한 자금력을 갖춘 이익집단 등의 로비에 휘둘릴 때가 많습니다. 선거운동에 쏟아붓는 엄청난 자금 또한 대부분 이들한테서 나옵니다. 그래서 미국은 사람이 아닌 돈이 정치를 좌우하는 금권정치의 민낯이 가장 날것으로 드러나는 나라로 손꼽히곤 합니다.

선거 결과에서는 대의민주주의의 대표성이 어떻게 나타날까요? 예를 들어 보겠습니다. 우리나라에서 1987년 직선제 개헌 이후 최근까지 실시된 일곱 차례의 대통령 선거에서 투표권을 지닌 유권자 전체의 과반수 득표로 당선된 대통령은 단 한 명도 없습니다. 과반수를 득표하기는커녕 전체 유권자의 3분의 1 미만을 득표한 후보자가 당선된 사례가 네 차례나 됩니다. 그렇다면 투표에 실제로 참여한 사람들의 지지율은 얼마나 됐을까요? 이렇게 따져 보더라도 투표자 과반수 지지로 당선된 대통령은 고작 한 차례에 지나지 않습니다. 특히 13대 대통령 노태우는 불과 36.6퍼센트, 15대 김대중은 40.3퍼센트의 투표자 지지로 대통령 자리에 올랐습니다. 고작 이 정도의 지지를 근거로 하여 창출된 권력의 정통성이나 정당성을 우리는 어떻게 평가해야 할까요? 우리나라에서 대통령은 막강한 권력을 행사합니다. '제왕적 대통령제'라 불릴 정도지요. 그래서 대통령은 나라의 운명과 사람들 삶에 아주 큰 영향을 미칩니다. 그럼에도 선거 중심 대의민주주의는 대통령의 정당성과 정통성을 온전히 보장해 주지 못합니다.

이제까지의 이야기에서 알 수 있듯이 지금의 대의민주주의는 대표하지 않는(또는 못하는) 것이 많습니다. 설사 겉으로는 대표하는 것처럼 보이더라도 그 대표가 충분치 못하거나 적절치 못할 때도 많습니다. 심지어는 잘못 대표하는 경우도 종종 있습니다. 대의민주주의의 현주소가 이러합니다.

화석연료와 민주주의

프랑스혁명을 비롯한 18세기 민주주의 시민혁명이 민주주의 역사는 물론 인류사 전체를 통틀어서도 얼마나 뜻깊은 사건인지는 두말할 나위가 없습니다. 그렇지만 혁명의 깃발에 아로새겨진 인간 해방의 숭고한 열망과 의지는 새로운 지배세력으로 등장한 부르주아 엘리트들에 의해 점차 빛이 바랬습니다. "혁명은 핏줄과 상속을 바탕으로 하는 봉건적 소수 특권 정치를 선거를 바탕으로 하는 부자 엘리트의 소수 특권 정치로 바꾸어 놓았을 뿐이다"라고 신랄하게 비판하는 사람들도 있습니다.

부르주아 엘리트들은 민주주의의 핵심 이념을 시민의 직접적인 권력 참여가 아닌 시민의 '동의'로 바꿔치기했습니다. 이 동의를 얻는 절차가 곧 선거지요. 이에 따라 권력의 주인은 통치를 받는 대상으로, 또한 다른 사람의 통치에 그저 동의나 해 주는 존재로 전락하고 말았습니다. 이런 선거로 기존 사회질서를 근본적이고도 전면적으로 바꾸는 것은 대단히 어려운 일입니다. "선거로 정말 사회가 바뀔 수 있다면 선거는 벌써 불법화됐을 것이다." 미국 작가 마크 트웨인이 한 말입니다.

우리는 오늘날 선거 때마다 직접 투표장에 나가 한 표의 권리를 행사합니다. 그럼으로써 때로는 권력자와 정치인들을 바꾸기도 하고 정권 교체를 이루기도 합니다. 이는 그 자체로 아주 중요한 일입니다. 하지만 좀 거칠게 말하면, 특히 민주주의의 본래 정신에 엄격히 비추어 보면, 이는 본질적으로 동일한 지배층과 엘리트를 재생산하는 것과 다름없다고 해야 할지 모릅니다. 책 앞부분에서 소개한 마우스랜드 우화가 전하는 것처럼 말입니다. 소수의 정치 엘리트가 자신들이 가진 권력의 정당성과 정통성을 확보하는 수단. 그 권력을 재생산하고 강화하는 데 활용하는 도구. 대의민주주의 비판자들은 이것이 선거의 본질이라고 주장합니다.

어떤 이들은 선거를 정치나 민주주의에서 화석연료와 비슷하다고 비유하기도 합니다. 얘기인즉슨 이렇습니다. 앞에서 본 것처럼 선거권 확대는 피눈물 나는 민주주의 투쟁의 산물입니다. 실제로 선거는 민주주의 발전에 커다란 원동력이자 자극제 구실을 했습니다. 마치

석유 같은 화석연료가 경제성장의 강력한 '엔진' 구실을 했듯이 말입니다. 하지만 오늘날 선거는 수많은 문제를 낳으면서 오히려 민주주의를 위기로 몰아넣고 있습니다. 석유가 바닥나면서 석유로 지탱되어온 성장주의 경제의 지속가능성이 큰 위기를 맞고 있듯이 말입니다. 결국, 지금과 같은 선거를 그냥 내버려 둔다면 석유 고갈 사태가 그러한 것처럼 민주주의는 더 큰 위기를 피할 수 없으리라는 얘기지요.

화석연료가 바닥나는 깃처럼 오늘날 선거의 민주주의적 정당성과 정치적 효능은 갈수록 고갈되고 있습니다. 대표해야 할 것을 대표하지 못하고 대변해야 할 것을 대변하지 못하는 민주주의. 권력의 주인이자 정치 주체인 시민을 구경꾼과 소비자로 전락시키는 민주주의. 극소수 엘리트 중심의 권력 시스템과 지배구조를 합리화하고 영구화하는 민주주의. 이런 민주주의에 우리의 미래를 걸어도 될까요?

그렇다면 선거를 어찌하오리까?

그렇다면 선거는 쓸모없는 걸까? 그건 아니다. 선거가 많은 한계와 결함을 안고 있다 하더라도 현실에서 선거는 중대한 의미를 지닌다. 선거는 정치인이 시민에 대해 책임을 지는 절차이기도 하고, 시민들이 자신들이 원하는 정책이나 법을 만들도록 정치인에게 압력을 가하는 제도의 하나이기도 하다. 정치 엘리트와 일반 시민이 서로 영향을 주고받고 소통할 수 있는 쌍방향 통로의 구실을 하는 것이다. 선거는 또한 한 사회가 어떤 상황에 놓여 있는지, 어떤 미래를 열어갈지 등과 같은 문제를 둘러싸고 정치적 경쟁과 사회적 논쟁이 펼쳐지는 공간이기도 하다. 그리하여 그 사회에 새로운 역동성과 활력을 불어넣어 준다. 때로는 선거나 선거를 통한 정권 교체가 역사의 물줄기를 바꾸는 사회 변화의 기폭제가 되기도 한다. 그래서 선거의 한계와 맹점을 직시하더라도 책임 있는 민주 시민이라면 일단은 선거에 적극적으로 참여하는 자세가 필요하다.

선거가 안고 있는 문제를 조금이라도 해결하려면 '좋은' 선거제도가 필수적이다. 핵심은 시민의 정치적 의사를 얼마나 정확하게 반영하느냐다. 국회의원 선거에서 비례대표제를 확대하는 게 그래서 중요하다. 비례대표제란 최다 득표자 한 명을 선출하는 다수 대표제와는 달리 정당 득표율에 따라 의석을 배분하는 제도다. 득표율에 비례해서 공정하게 의석수를 나누므로 유권자의 뜻이 비교적 정확하게 반영된다. 다수 대표제는 승자독식 원칙에 따라 무조건 한 표라도 더 얻은 다수 득표자만 당선된다. 기득권과 큰 세력, 높은 지명도 등을 갖춘 기존 거대 정당들에 유리하다. 그래서 이

101

제도 아래서는 소수의 거대 정당이 권력과 정치를 주물럭거릴 때가 많다. 무엇보다, 거대 정당은 낮은 득표율로도 많은 의석을 차지할 수 있는 반면에 군소 정당이나 신생 정당은 높은 득표율로도 이에 상응하는 의석을 얻지 못할 때가 많아서 유권자의 의사가 왜곡된다는 게 가장 큰 문제다.

한번 따져 보라. 국회의원 선거에서 평균 투표율을 60퍼센트, 당선 득표율을 40퍼센트라고 가정하면, 전체 유권자 중에서 당선자가 얻는 표는 25퍼센트 정도에 지나지 않는다. 당선자는 이 25퍼센트의 득표로 전체 국민을 100퍼센트 대표하고 대의한다. 우리나라 정치가 '4분의 1 대의정치'라 불리는 까닭이다. 4분의 3을 차지하는 나머지 대다수 국민은 누가 어떻게 대변하는가?

이에 견주어 비례대표제는 국민들의 다양한 정치적 입장이나 견해를 좀 더 잘 반영한다. 그 결과 보다 많은 정당이 의회에 진출하기에 유리하다. 소수자나 약자를 대변하는 정당이 정치 세력화를 이루기도 한결 쉽다. 그래서 대체로 비례대표제를 활발하게 운영하는 나라일수록 민주주의와 정치 수준이 높다. 우리나라는 비례대표제가 아주 미흡하다. 참고로, 세계 여러 나라의 국회의원 중 비례대표가 차지하는 비율은 다음과 같다. 네덜란드, 덴마크, 스웨덴, 이탈리아는 100퍼센트다. 모든 국회의원을 비례대표로만 뽑는다는 얘기다. 독일은 50퍼센트, 일본은 38퍼센트다. 이에 비해 우리나라는 18퍼센트다. 미국은 비례대표 자체가 없다. 최근 들어 우리나라에서도 비례대표제를 대폭 늘리자는 목소리가 갈수록 커지고 있다.

정당은 어떨까? 정당이란 '정치적 견해를 같이하는 사람들이 정권을 잡거나 정치적 이상을 실현하려고 조직한 단체'를 말한다. 현대 민주주의 정치를 정당정치라 부르기도 할 만큼 오늘날 대의민주주의 시스템에서 정당은 중심적인 역할을 한다. 그런데 우리나라의 대다수 정당은 정당의 뿌리라 할 수 있는 이념과 정책 노선, 정치 철학 등이 뚜렷하지도 않고 탄탄하지도 않다. 특정 지역을 배타적인 지지 기반으로 삼거나 소수의 인물 중심으로 끼리끼리 만들어져 온 경우가 대부분이다. 일부 정치 엘리트들이나 권력자가 자신들의 필요에 따라 당을 만들거나 없애기도 한다. 이 모두 우리나라의 정치 수준을 떨어뜨리는 원인들이다.

하지만 선거가 그렇듯이 정당의 중요성을 무시할 순 없다. 정당은 국가와 시민, 정부와 여러 사회집단을 이어 주는 '다리'라고 할 수 있다. 제대로 된 정당이라면 일반 시민의 정치적 의사를 밑으로부터 잘 모아 국가와 정부의 의사 결정에 반영하는 '중개자' 구실을 충실히 수행해야 한다. 공적 여론 형성과 조직화, 정치지도자와 정치인 배출, 사회적 정치교육, 권력 창출과 정치이념 구현, 권력에 대한 견제와 통제 등도 정당이 해야 할 중요한 일들이다. 우리 사회가 더 나은 민주주의로 나아가려면 선거제도 및 정당 개혁과 이와 맞물린 정치문화 혁신은 필수적이다.

3 자유민주주의에 '자유'가 없다?

개인의 자유와 권리를 중시하는 자유민주주의의 본래 정신이 민주주의의 탄생과 발전에 눈부신 공을 세운 것은 명백한 사실입니다. 자유를 향한 염원은 민주주의를 낳고 키운 가장 원천적인 힘입니다. 하지만 자유민주주의는 시나브로 '인간의 얼굴'에서 멀어졌습니다. 남에게 구속을 받거나 무엇에 얽매이지 않고 자기 의사에 따라 행동하는 것이라는 자유의 본래 의미는 변질되고 왜곡되었습니다. 대신에 공적인 것보다 사적인 것을 앞세우는 흐름이 거세졌습니다.

자유주의와 짝짜꿍, 자본주의와 짝짜꿍

자유민주주의 이야기로 돌아왔습니다. 여기서도 한 번 더 강조하고 넘어가겠습니다. 대의민주주의가 그러한 것처럼 민주주의란 곧 자유민주주의라고 생각하는 사람들이 더러 있지만, 이 또한 대의민주주의가 그러한 것처럼 커다란 착각이자 오해라는 사실을 말입니다.

자유민주주의란 자유주의를 토대로 하는 민주주의입니다. 개인의 자유와 권리를 바탕으로 하는 정치 운영 및 사회 구성 원리, 또는 이런 원리에 따라 만들어진 정치체제나 형태를 뜻합니다. 이미 살펴본 것처럼 자유민주주의는 근대 민주주의 시민혁명 당시 새로운 지배세력으로 떠오른 부르주아 계급의 이해관계에 발맞추어 사적 소유권을 중요하게 여겼습니다. 그래서 이런 측면을 주목하는 이들은 자유민주주의를 "다른 계급들에 대한 부르주아 계급의 정치적 지배를 '민주적 방식'으로 관철하는 정치체제"라고 규정하기도 합니다. 자유민주주의를 부르주아민주주의라 부르기도 하는 까닭입니다.

중요한 것은, 자유민주주의는 자유주의라는 철학 사조를 바탕으로 하고 있다는 점입니다. 자유주의는 모든 생각과 행위의 주체는 개인이며, 개인의 행복을 모든 가치 판단의 궁극적인 잣대로 여깁니다. 또한 인간은 이성을 가지고 있으므로 누구나 자유롭고 합리적인 존재로서 평등하게 존중받아야 한다고 주장합니다. 그래서 자유주의는 개인에 대한 국가권력의 부당한 간섭이나 억압을 강력하게 반대합니다. 18세기 시민혁명 무렵 경제력을 갖춘 신흥 부르주아 세력은 부를 쌓기 위한 경제활동을 자유롭게 하고 싶어 했습니다. 이는 당시 지식인들이 주도하던 자유주의 문화나 사고방식과 잘 어울렸습니다. 이런 흐름을 타고 부르주아 세력은 자신들을 옭아매던 낡은 봉건 체제를 무너뜨리면서 시민혁명을 이루어 냈습니다.

이렇게 보면 자유민주주의는 자본주의와도 '궁합'이 잘 맞는다는 걸 알 수 있습니다. 실제로 자본주의의 철학적 토대 또한 자유주의였습니다. 자본주의는 본질적으로 자유로운 경제활동을 전제로 합니다. 이를테면 사유재산은 누구도 침해할 수 없고 자유롭게 처분할 수 있어야 한다거나, 생산·판매·영업·계약 등의 활동을 마음대로 할 수 있어야 한다는 식이지요. 경제활동에서 개인의 자유와 권리를 최대한 보장하고 사적인 부와 이윤 극대화를 추구하는 것. 이것이 자본주의 시스템의 핵심 논리입니다.

그래서겠지요. 시민혁명 이후 자유민주주의는 한편으로는 자본주의 발전과, 다른 한편으로는 대의민주주의 발전과 한 몸을 이루게 됩니다. 자본주의는 경제적 이익 추구를 최고 목표로 삼습니다. 대의민주주의는 소수의 특정 사람이 통치하는 엘리트주의를 바탕으로 합니다. 둘 다 자유주의 부르주아 계급의 이해관계와 딱 들어맞았습니다. 그런 과정을 거치면서 개인의 기본권, 국민주권, 권력분립, 법치주의, 선거제도, 의회제도, 복수 정당제, 사유재산과 시장경제를 중심으로 하는 경제질서 등이 민주주의의 표상인 것처럼 굳어지게 되었습니다. 오늘날 민주주의라 하면 습관적으로 떠올리게 되는, 우리에게 아주 친숙한 민주주의의 모습들이지요.

'공적인 것'과 '사적인 것' 사이에서

그런데, 이런 과정을 거쳐 발전한 자유민주주의는 심각한 문제를 낳았습니다. 개인의 자유와 권리를 강조하다 보니 '공적인 것'은 하찮게 여기는 반면에 '사적인 것'을 지나치게 떠받들게 됐다는 게 그것입니다.

이와 관련해 독일 태생의 정치사상가 한나 아렌트는 소중한 통찰을 전해 줍니다. 아렌트는, 서구의 근대화란 사적인 관심사에 불과한 경제가 사람들의 지배적 관심사로 굳어져 생존 욕구를 해결하는 노동과 소비가 인간 활동의 중심을 이루게 된 과정이라고 설명했습니다. 다시 말하면, 사적 원리를 바탕으로 하는 경제가 세상을 호령하게 되면서 공적 가치를 지향하는 정치는 위축돼 온 것이 근대화 과정이요 자본주의의 역사라는 얘기지요.

이 이야기는 자유민주주의에도 잘 들어맞습니다. 자유민주주의를 정치적 깃발로 내건 지금의 자본주의 산업사회를 한마디로 요약하면 '사적 욕심과 이익의 극대화'를 추구하는 시스템이라고 할 수 있습니다. 산업이 뭔가요? 문자 그대로 '생산하는 일'입니다. 재화든 서비스든 뭔가를 많이 생산할수록 좋다는 생각. '더 많은 생산'을 진보와 발전의 잣대로 삼는 사고방식. 이것을 바탕으로 굴러가는 게 산업사회입니다.

여기서는 '질'이 아니라 '양'을 중요하게 여깁니다. 그것도 화폐 가치라는 잣대로만 표현되는 물질의 양이지요. 예컨대 어떤 물건이 어린이 노예 노동으로 생산되었든 말든, 수많은 사람을 죽이는 데 사용되

107

든 말든, 자연을 폐허로 만들든 말든, 그것을 취하는 사람에게 이익을 많이 안겨 주기만 하면 그것이 최고로 여겨집니다. 경제성장 지상주의, 물신주의, 탐욕적 이기주의, 파괴적 경쟁주의 같은 것들에 이 세상과 우리 삶이 휘둘리게 된 것은 그 필연적 귀결입니다.

개인의 자유와 권리를 중시하는 자유민주주의의 본래 정신이 민주주의의 탄생과 발전에 눈부신 공을 세운 것은 명백한 사실입니다. 자유를 향한 염원은 민주주의를 낳고 키운 가장 원천적인 힘입니다. 하지만 자유민주주의는 시나브로 '인간의 얼굴'에서 멀어졌습니다. '남에게 구속을 받거나 무엇에 얽매이지 않고 자기 의사에 따라 행동하는 것'이라는 자유의 본래 의미는 변질되고 왜곡되었습니다. 대신에 '공적인 것'보다 '사적인 것'을 앞세우는 흐름이 더욱 거세졌습니다.

한나 아렌트는 이렇게도 말했습니다. "사생활 속에 숨어 살면서 오로지 가정과 출세를 위해서만 헌신하는 태도는 사적 이해관계가 제일이라고 믿는 부르주아 계급의 타락의 산물이다." 이게 부르주아만의 문제일까요? '시장사회'와 '기업국가'에서는 다수의 보통 사람들 또한 이런 '타락한 삶'으로 내몰리기 일쑤입니다. 세상 자체가 구조적으로 속물적 삶을 강요하는 탓입니다. 이것이 자유민주주의 아래서 벌어지는 일입니다. 그리고 그 결과 민주주의가 크게 훼손되고 있습니다.

경제성장 지상주의

물신주의

탈욕적 이기주의

파괴적 경쟁주의

109

자유의 변질, 멀어지는 민주주의

양극화와 불평등, 인간 소외와 공동체 붕괴, 삶의 고독과 같은 현상
도 오늘날 민주주의가 처한 이런 현실과 무관치 않습니다. 개인의 자
유라는 명분을 내세워 대다수 사람이 사적 이익을 추구하는 데만 몰
두한다면 평등과 정의, 사회적 연대 같은 공적인 가치는 소홀히 다루
어질 수밖에 없습니다. 그래서 이런 곳에서 자유란 필연적으로 부유
한 자와 힘센 자의 자유, 자본가와 권력자의 자유만을 뜻하게 됩니다.
신자유주의 세계화 흐름이 불러일으키는 문제도 바로 이것이었지요.
'자유'민주주의에서 자유는 이렇게 오염되고 있습니다.

정치에서 사적 이익 추구는 정치부패의 근본 원인이기도 합니다.
정치부패는 권력자와 정치인들이 사적 이익을 취하려고 공적인 권력
을 악용하거나 함부로 쓰는 것을 말합니다. 특히, 정치와 경제가 서로
사적인 이익을 위해 부적절하게 결탁하는 이른바 '정경유착'은 건강
한 경제 질서와 기업 문화를 망가뜨릴 뿐만 아니라 정치의 공공성을
무너뜨립니다. 이런 정치부패와 정경유착이 널리 퍼지면 권력과 기업
사이에 뇌물 제공, 불법 정치자금 주고받기, 특혜와 이권 제공, 인사
청탁 등이 일상적으로 저질러집니다. 그리고 그 피해는 고스란히 일
반 시민에게 돌아갑니다. 정치부패가 정치에 대한 환멸과 혐오를 부
추길 수밖에 없는 까닭이지요. 또한 그 결과로 민주주의의 토대가 손
상되는 것을 피할 수 없습니다.

가장 위험한 '폭탄'은 불평등입니다. 불평등은 사회 공동체와 인간

관계를 황폐하게 만듭니다. 민주주의의 밑거름인 건강한 시민정신을 파괴합니다. 거듭 밝혔듯이 민주주의란 평등과 연대 위에서만 꽃을 피우고 열매를 맺을 수 있기 때문입니다. 그럼에도 우리나라를 비롯해 세계 수많은 나라에서 경험하는 현실은 이와는 반대의 길로 가고 있습니다. 그만큼 민주주의는 더욱 위험해지고 있습니다.

애기를 정리해 보지요. 현대 민주주의를 떠받치는 두 기둥 가운데 하나인 대의민주주의는 구경꾼 민주주의, 소비자 민주주의로 변질되고 있습니다. 또 다른 기둥인 자유민주주의는 사적인 민주주의, 가진 자와 힘센 자의 민주주의로 전락하고 있습니다. 그 결과 지금의 민주주의는 본래의 고귀한 이상과 가치에서 멀어지고 있습니다.

어디서 새로운 길을 찾을 수 있을까요? 이제 어떤 민주주의를 구상하고 실천해야 할까요? 다음에 곧바로 이어지는 이야기는 지금의 민주주의를 제대로 이해하는 데 빠뜨려서는 안 될 국가와 법 이야기입니다. 보다 구체적으로는 국가와 민주주의, 법과 민주주의의 관계를 둘러싼 이야기지요. 여기까지의 논의를 종합하면 현대 민주주의의 실상을 보다 명료하게 이해할 수 있을 것입니다. 민주주의의 새로운 꿈과 대안에 관한 이야기는 3부에서 펼쳐집니다.

4 국가, 삐딱하게 보기

다른 모든 것과 마찬가지로 국가 또한 하늘에서 뚝 떨어진 게 아닙니다. 신의 섭리나 자연 법칙 따위에 따라 본래부터 존재하던 게 아닙니다. 국가는 역사의 산물입니다. 특정한 정치과정의 결과로서 탄생하고 형성된 것이 국가라는 얘기지요. 오늘날 우리가 살아가는 근대 국민국가의 틀도 그렇게 만들어졌습니다. '상상의 공동체'라는 몇몇 학자들의 규정에 따르면, 지금 우리가 알고 있는 국가란 200~300년 전 근대 역사 속에서 빚어진 상상의 산물입니다.

저 원통한 죽음을 어찌하랴

우리 현대사에는 민주주의에 큰 상처와 치욕을 남긴 사건이 많습니다. 그 가운데 인민혁명당 사건이란 게 있습니다. 줄여서 흔히 인혁당 사건이라 하지요. 1964년의 1차 사건과 1974년의 2차 사건이 있는데, 커다란 문제를 일으킨 건 여덟 명의 무고한 사람이 사형을 당한 2차 사건입니다. 사건이 일어난 1974년 당시는 민주주의를 마구 짓밟던 박정희 독재 정권에 맞서 민주화 운동의 불꽃이 거세게 타오르기 시작하던 때였습니다.

독재 정권은 정부를 비판하고 권력에 저항하는 눈엣가시 같은 세력을 말살하고자 했습니다. 인혁당이라는 단체가 '사냥감'이 되었습니다. 독재 정권은 인혁당을 민주화 시위의 배후 조종 세력으로 몰아붙이면서 무시무시한 죄목을 덮어씌웠습니다. 북한과 내통해 체제를 뒤엎고 공산주의 혁명을 꾀했다는 거지요. 그 바람에 수많은 사람이 수난을 당했습니다. 특히 주동자로 몰린 여덟 명은 1975년 4월 9일 대법원에서 사형을 선고받았습니다. 그러고선 선고 뒤 불과 18시간 만에 일사천리로 사형이 집행되었습니다.

이 사건은 독재 권력의 시녀로 전락한 국가기구와 사법부가 죄 없는 사람을 죽인 대표적인 '국가 살인'이자 '사법 살인' 사례로 꼽힙니다. 독재 권력이 민주화 운동에 몸을 바친 이들에게 빨갱이라는 낙인을 찍어 목숨을 빼앗은 것이 인혁당 사건의 실체입니다. 당시 스위스 제네바에 본부를 둔 국제법학자협회가 여덟 명의 사형이 집행된 날을 세계 사법 역사상 '암흑의 날'로 선포하기도 했지요. 하지만 뒷날 역사는 이 사건의 진상을 파헤쳐 진실을 바로 세우게 됩니다. 이른바 민주 정부가 들어선 이후인 2002년, 국가에 의해 의문의 죽음을 당한 수많은 사건의 진실을 밝히려고 만든 의문사진상규명위원회에서 인혁당 사건을 민주화 운동으로 공식 인정한 것입니다. 그 뒤 희생자 모두 대법원에서 최종적으로 무죄 판결을 받았습니다.

수십 년이 지나서라도 사건의 진실과 국가권력이 지지른 만행의 내막이 밝혀진 것은 물론 다행입니다. 하지만 죽은 사람은 다시 살아날 수 없습니다. 죄 없는 사람을, 아니 어쩌면 민주화 운동에 몸을 바쳤으니 외려 사회적 존경을 받아야 할 이들을 국가가 법의 이름으로 죽인 이 어처구니없는 '국가 범죄'의 책임은 누가 져야 할까요? 이 원통한 죽음의 당사자들과 유족들의 한은 누가 풀어 줘야 할까요?

역사를 돌아보면 이런 일이 적잖게 일어났습니다. 오랫동안 군사독재가 기승을 부렸던 우리나라만 그런 것도 아닙니다. 이에 우리는 되묻게 됩니다. 국가란 뭘까요? 법이란 뭘까요? 국가와 법은 민주주의와 어떤 관계를 맺고 있을까요?

사전에서는 '국가'를 "일정한 영토와 거기에 사는 사람들로 구성되고, 주권에 의한 하나의 통치조직을 가지고 있는 사회집단"이라고 설명합니다. 여기서 보듯이 국가를 이루는 3대 요소로는 대개 국민, 영토, 주권이 꼽힙니다. 법은 "국가의 강제력을 수반하는 사회 규범"을 뜻합니다. 일반적으로 국가나 공공기관 등이 제정한 법률, 명령, 규칙, 조례 따위를 두루 아우르지요. 그래서 국가와 법이 있어야 각 개인은 물론 사회 공동체 차원에서도 안전과 평화, 질서와 통합 등을 유지할 수 있다고 흔히들 얘기합니다. 실제로 주권을 빼앗긴 식민지 민중이나, 전쟁이나 재난 등과 같은 이유로 자기 나라를 떠난 난민이 온전한 삶을 꾸려 갈 순 없는 노릇이지요. 또한 법이 사라지면 범죄와 혼란 따위가 판을 치리라고 여기는 게 상식이기도 하고요.

그런데 우리나라는 국가, 국민, 애국, 법, 질서 등의 중요성을 강조하는 분위기가 지나치게 강한 편입니다. 아마도 국가와 법을 내세워 국민을 통제하고 억압했던 오랜 독재 정치의 그늘이 아직도 짙게 남아 있는 탓이 아닐까 싶습니다.❶ 남북 분단 상황과 북한이라는 존재가 사회 안정과 질서, 국민 통합 등을 중요하게 여기게 만든 측면도 빠뜨릴 수 없겠고요.

헌법을 들여다보아도 마찬가지입니다. 우리나라 헌법에서 '주어'는 '국민'입니다. 수많은 조항에서 국민이 주체로 등장합니다. 주권도 국민에게 있고, 기본권의 주체도 국민이지요. 하지만 헌법의 주어를 국

❶ 지금은 상상하기도 힘들지만 박정희·전두환 군사독재 시절엔 매일 저녁 정해진 시각(여름철 5시, 겨울철 6시)에 국기 하강식이란 게 거행됐다. 관공서든 학교든 큰 건물이든 어디든 낮 동안 게양돼 있던 국기를 깃대에서 내리는 의식이다. 이때 우렁차게 틀어 대는 게 애국가다. 애국가가 울려 퍼지면 길 가는 모든 사람은 그 자리에 멈춰 서서 국기를 향한 예를 갖추어야 했다. 자동차도 멈춰 서야 했다. 극장에서도 희한한 일이 벌어졌다. 매회 영화 상영 직전에 모든 관람객이 자리에서 일어나 스크린을 보면서 애국가를 들어야만 했던 것이다. '대한뉴스'라는 이름의 정부 선전 뉴스도 봐야만 했다. 이런 우스꽝스러운 사전 절차를 반드시 거쳐야만 영화 한 편을 볼 수 있었다. 어릴 때부터 '국민교육헌장'이란 걸 달달 외워야 했고, 초등학교 명칭조차 그 시절엔 '국민'학교였다. 독재 정권은 모든 국민에게 시도 때도 없이 국가의 중요성을 강요하고 애국심을 주입하려고 했다. 하긴 매일 밤 12시부터 다음 날 새벽 4시까지 야간 통행금지를 실시하여 사람들이 돌아다니는 것마저 막고, 장발이라는 이유로 지니가는 사람들을 붙잡아 강제로 머리를 깎고, 여성의 치마 길이마저 권력의 입맛대로 단속하던 시절이었으니 더 말해 뭣하랴.

민으로 정한 나라는 아주 드뭅니다. 우리나라와 일본 정도에 불과하지요. 대부분 나라는 한정되고 경직된 용어인 '국민' 대신 보다 폭넓고 유연한 의미가 담긴 용어, 예컨대 미국과 프랑스는 '인민'을, 독일은 '인간'을 사용합니다.

우리나라도 처음엔 헌법에 인민이라는 말을 썼습니다. 일제 강점기였던 1919년 대한민국임시정부가 제정한 헌법이 그랬습니다. 이 헌법 3조는 "대한민국의 인민은 귀천과 부귀의 계급이 무(無)하고 일절 평등임"이라고 천명하고 있습니다. 1948년 정부 수립 때에도 제헌 헌법 초안에는 인민이라는 말을 사용했습니다. 하지만 공산당 같은 사회주의 세력이 즐겨 쓰는 말이라는 이유로 결국 국민이라는 용어로 바꾸고 말았지요. 그 뒤 독재 정권이 오래도록 계속되면서 우리나라에서 국가와 국민을 신성시하는 '낡은 신화'는 더욱 기승을 부리게 됩니다.

이에 여기서는 국가와 법에 관한 좀 '삐딱한(?)' 이야기를 하고자 합니다. 국가를 사랑해야 한다느니 법을 잘 지켜야 한다느니 같은 상투적인 얘기는 이미 귀에 못이 박이도록 들었을 테니까요.

나는 국민이기 이전에 인간이다

국가 이야기가 중요한 이유는 뭘까요? 그것은 무엇보다 정치가 이루어지는 가장 대표적인 무대이자 제도가 국가이기 때문입니다. 그래서 민주주의를 제대로 알려면 국가 이야기를 피해 갈 수 없습니다. 나아가, 국가에 대한 이해와 함께 국가와 개인의 관계에 대한 이해가 깊어지면 일상에서 훌륭한 민주 시민으로 살아가는 데에도 큰 도움이 됩니다.

먼저 지적할 것은 국가에 대한 우리의 고정관념입니다. 우리는 국가를 너무 자연스럽고 당연한 것으로 받아들이는 경향이 있습니다. 국가로 상징되는 거대한 시스템과 질서에 태어날 때부터 속속들이 길든 탓이지요. 하지만 이제 새로운 질문을 던질 필요가 있습니다. 국가는 왜 존재하는가? 우리가 국가 속에서 사는 이유와 그렇게 된 배경은 무엇인가? 우리는 국가를 어떻게 대해야 하는가? 국가와 개인 사이의 바람직한 관계는 무엇인가?

뭔가를 정확히 이해하려면 그 뭔가에 대해 '비판적 거리'를 유지할 수 있어야 합니다. 그래서 우선은 국가를 마치 신성불가침의 절대적인 존재인 양 무턱대고 떠받드는 습관적인 사고방식에서 벗어나야 합니다. 다른 모든 것과 마찬가지로 국가 또한 하늘에서 뚝 떨어진 게 아닙니다. 신의 섭리나 자연 법칙 따위에 따라 본래부터 존재하던 게 아닙니다. 국가는 역사의 산물입니다. 특정한 정치과정의 결과로서 탄생하고 형성된 것이 국가라는 얘기지요. 오늘날 우리가 살아가는 '근대 국민국가'의 틀도 그렇게 만들어졌습니다. 심지어는 국가나 민족을 '상상의 공동체'라고 규정하는 학자들도 있습니다. 지금 우리가 알고 있는 국가란 200~300년 전 근대 역사 속에서 빚어진 상상의 산물이라는 거지요. 국가에 대한 맹목적인 환상에서 벗어나는 것, 이것은 자기 삶의 자율적 주체로 살아가기 위해서라도 꼭 갖추어야 할 덕목입니다.

이와 관련해 19세기 미국의 생태사상가이자 작가인 헨리 데이비드 소로의 이야기는 참고할 만한 가치가 있습니다. 2년여에 걸친 호숫가 숲속 생활을 기록한 ≪월든≫이라는 걸작으로 널리 알려진 소로는 1846년에 그가 살던 매사추세츠주 정부에 세금을 내지 않은 죄로 감옥에 갇힌 적이 있습니다. 눈길을 끄는 것은 그가 세금 납부를 거부한 이유입니다. 그가 감옥에 갇힐 각오를 하면서까지 그런 행동을 한 것은 미국이 당시 멕시코를 상대로 벌인 부도덕한 전쟁과 노예제도에 반대한다는 뜻을 밝히기 위해서였습니다. 하지만 거기에는 더 깊은 뜻이 담겨 있었습니다. 국가가 옳지 않은 일을 할 때 개인은 국가에 저항할 권리가 있다는 것이 그것입니다.

소로는 또 다른 대표작인 ≪시민의 불복종≫이라는 책에서 이렇게 말했습니다. "우리는 먼저 인간이어야 하고, 그다음에 국민이어야 한다. 국가는 개인을 보다 커다란 독립된 힘으로 보고, 국가의 권력과 권위는 이러한 개인의 힘으로부터 나온 것임을 인정해야 한다. … 나는 누구에게 강요받기 위하여 이 세상에 태어난 게 아니다. 나는 내 방식대로 숨을 쉬고 내 방식대로 살아갈 것이다."

감옥에 갇혀 있을 때 깊은 자유를 느꼈다고 고백하는 그는 "나는 당신들이 억지로 정해 놓은 국민이나 시민이라는 틀에 얽매이지 않겠다"라고 선언합니다. 소로는 국가가 강요하는 부당한 명령 탓에 전쟁터에 자식을 내보내거나 무기를 만드는 데 쓰이는 세금을 꼬박꼬박

내야 하는 현실을 수긍하기 힘들었습니다. 그는 진정한 자유의 가치를 삶과 행동으로 실천하고자 했습니다. 그랬기에 소로의 여러 저서는 이후 인도의 정신적 스승인 간디, 러시아 작가 톨스토이, 미국의 인권운동가인 마틴 루서 킹 같은 유명한 사람들뿐만 아니라 유럽의 많은 노동운동가와 민주주의자들에게도 영향을 끼쳤습니다.

또 다른 보기로 우리나라에서 벌어진 세월호 참사는 어떤가요? 2014년 4월 16일 사고가 터졌을 때 국가는 국민을 구조하지 못했습니다. 아니, 엄밀하게 말하면 구조하지 않았습니다. 국가의 책임과 의무를 다하지 않은 거지요. 당시 국정의 최고책임자였던 박근혜 전 대통령은 300명이 넘는 국민의 생명이 죽어 가고 있는데도 마치 남의 일이라는 듯 엉뚱한 데서 엉뚱한 일에 정신을 팔고 있었습니다. 게다가 정부는 깊은 고통과 슬픔에 잠긴 희생자의 유족들을 따뜻하게 위로하고 보듬어 안기는커녕 욕보이고 짓밟기까지 했습니다. 이것을 '국가 범죄'라 한다면 지나친 말일까요?

한 사람의 생명을 지키지 못하는 나라는 그 누구의 생명도 지킬 수 없습니다. 원통하게 죽어 간 사람들과 이들 유족의 한조차 감싸 안을 줄 모르는 나라에서 '인간다움'을 찾기란 불가능할 것입니다. 이런 냉혹하고도 비정한 국가, 이런 무능하고도 부도덕한 국가를 우리는 어떻게 대해야 할까요? 국민의 생명과 안전을 지키는 것이야말로 국가의 가장 중대한 책무일 텐데 말입니다. 일찍이 중세 초기 기독교 사상가인 아우렐리우스 아우구스티누스가 "정의가 없는 국가란 거대한 강도떼에 지나지 않는다"라고 일갈한 걸 보면 국가의 속성은 예나 지금이나 별다른 차이가 없는 모양입니다.

국가 폭력에 맞서야 할 때

국가의 중요한 특성 가운데 하나는 국가만이 합법적이고 정당한 폭력을 독점하고 있다는 점입니다. 국가는 행정기구와 관료, 군대와 경찰, 법과 제도 등과 같은 다양한 권력 장치와 통치 수단을 가지고 있습니다. 언론과 교육 등도 통치에 적극 동원하거나 활용합니다. 핵심은 공권력입니다. 곧 '국가가 국민에게 명령하고 강제할 수 있는 권력'이지요. 국가의 폭력 행사는 이 공권력을 함부로 사용하는 과정에서 벌어집니다.

실제로, 지난 20세기에 사람을 가장 많이 죽인 주체는 개인도, 조직폭력배도, 마피아 같은 범죄 집단도 아닙니다. 다름 아닌 국가입니다.

독일 나치가 유대인을 대량 학살한 사례나 옛 소련 시절 스탈린의 잔혹한 독재 정치 아래서 수많은 사람이 희생된 경우 등이 대표적이지요. 게다가 국가가 죽인 사람의 대부분은 자기 나라 국민이었습니다. 역사를 살펴보면 우리나라를 포함해 세계 곳곳에서 독재 세력이 권력을 장악하거나 유지하려고 수많은 자기 나라 사람을 죽였다는 걸 잘 알 수 있습니다. 국가가 일으킨 전쟁으로 수많은 희생자가 발생했다는 건 두말할 나위도 없고요.

　국가가 휘두르는 게 물리적인 폭력뿐일까요? 아닙니다. 국가가 저지르는 정신적인 폭력도 만만치 않습니다. 박근혜 정부 시절 정부가 일방적으로 추진한 역사 교과서 국정화가 대표적인 사례입니다. 역사 교과서 국정화란 국가가 만든 단 하나의 역사 교과서로 아이들을 가르치는 것입니다. 하지만 본디 역사에 대한 해석이나 평가는 다양하기 마련입니다. 그게 정상이고, 바람직합니다. 역사에 대한 기억이 하나일 수 있을까요? 예컨대 전쟁을 한번 떠올려 보세요. 침략한 쪽과 침략을 당한 쪽의 역사 해석이 같을 수 있을까요? 일본의 조선 식민 지배도 마찬가지지요. 부귀영화를 위해 일본 제국주의에 빌붙어 권력과 부를 누린 친일파와, 모진 박해를 당하면서도 일제에 맞서 싸우며 독립운동에 헌신한 사람들의 역사적 견해가 같을 수 있을까요?

　게다가 역사 교과서 국정화는 단순히 역사를 왜곡하는 차원에서 끝나지 않습니다. 이것은 인간의 정신에 대해 국가가 정한 단 하나의 획일적 관점을 강요하는 중대한 정신적 폭력입니다. 인간 정신의 생명줄은 자유, 창의성, 다양성입니다. 그러므로 교과서 국정화는 인간 존엄성에 대한 모독입니다. 민주주의를 파괴하는 아주 '나쁜 짓'입니다.

이런 맥락에서 보면 일부 사람들이 강조하는 이른바 '국론 통일'은 가능하지도 않을뿐더러 바람직하지도 않습니다. 모두 똑같은 생각을 지닌 사람들이 모인 곳은 민주주의 사회가 아닙니다. 이런 곳이야말로 끔찍하고도 야만적인 전체주의 사회입니다. 나와 다른 입장이나 의견을 존중하는 것, 생각이 서로 다른 사람들끼리 어울려 함께 살아가는 것이 민주주의 사회의 참모습이지요. 박근혜 정부가 탄핵당하고 새로운 정부가 들어선 뒤 역사 교과서 국정화 작업은 중단되었습니다. 다행스럽고도 당연한 일입니다. 다시는 이런 시대착오적인 소동이 벌어져서는 안 될 것입니다.

좋은 시민, 좋은 국가, 좋은 민주주의

우리는 국민이기 이전에 인간입니다. 국가가 사람을 위해 존재하는 것이지 사람이 국가를 위해 존재하는 게 아닙니다. 그래서 우리는 국민의 의무를 요구받기 이전에 '인간이란 무엇인가?', '인간다운 삶이란 무엇인가?'를 먼저 되물어 볼 수 있어야 합니다.

우리는 특정 국가에 속한 국민인 동시에 그 국가를 이루는 개별 주체로서 시민입니다. 게다가 한 사회 안에는 그 나라 국적을 가진 국민만 존재하는 게 아닙니다. 세계 여러 나라에서 온 수많은 외국인도 함께 뒤섞여 살아갑니다. 이주 노동자, 유학생, 다문화 가정 구성원 등이 그런 이들이지요. 이유나 배경이 무엇이든 자기 나라로 돌아가지 못한 채 타의에 의해 다른 나라에서 살아가야 하는 국제 난민 또한 갈수록 늘고 있습니다. 우리는 이들 모두와 함께 살아가야 합니다. 그렇게 살아가는 법을 익혀야 합니다. 국민이라는 개념은 이런 현실을 담아내지 못합니다.

사람은 국민이라는 단일한 범주로 묶일 수 없습니다. 국민이라는 단일한 성격으로 규정될 수도 없습니다. 사람은 다양한 정체성을 지닙니다. 국민인 동시에 시민이기도 하고 주민이기도 합니다. 무엇보다, 특정 국가의 국민이기 이전에 고유하고도 존엄한 인격체로서 인간 그 자체입니다. 그럼에도 우리는 오랫동안 국민이라는 도깨비 같은 말에 짓눌려 살아왔습니다. 국가가 없으면 국민은 존재할 수 없으므로 국가에 충성을 바쳐야 한다는 식의 교육을 받아 왔지요. 자꾸 개인을 내세우기보다는 국가 전체 이익을 먼저 생각하라는 얘기도 종종 듣습니다.

이젠 거꾸로 말해야 하지 않을까요? 국가가 존재하는 덕분에 국민이 존재하는 게 아니라 낱낱의 시민이 모여 국가를 이룬다고 말입니다. 민주주의 사회에 필요한 것은 국가에 충성과 복종을 바치는 집단화된 국민이 아닙니다. 민주주의에 어울리는 시민은 자기 권리를 적극적으로 주장하고 행사하는 동시에 그에 상응하는 책임과 의무를 다하는 사람입니다. 나라를 사랑하되 배타적이고 편협한 애국주의를 넘어 자유, 평등, 정의, 연대, 인권, 평화 같은 보편적 가치를 소중히 여기는 사람입니다.

권리와 의무는 동전의 앞뒷면입니다. 그럼에도 그간 우리 사회에서는 개인의 권리보다는 국가에 대한 의무를 지나치게 강조해 왔습니다. 이제 권리를 옹골지게 되찾아야 합니다. 모든 개인은 나라의 주권자이자 자기 삶의 주인입니다. 그러므로 개인의 권리는 어떤 이유로도 함부로 침해되거나 훼손되어선 안 됩니다. 만약 국가가 개인의 권리를 침해할 때에는 반드시 정당한 이유가 있어야 합니다. 또한 침해된 권리에 대해서는 국가가 반드시 보상하거나 배상해야 합니다.❷

역사가 일깨우듯이, 그동안 수많은 통치자와 지배세력은 걸핏하면 국가를 앞세워 저들만의 특권과 사익을 추구해 왔습니다. 애국이 나라가 아닌 특정 정권에 대한 충성이나 복종으로 둔갑할 때도 많았습니다. 특히 국가권력은 많이 가진 자와 힘센 자의 편을 들기 일쑤였습니다. 이제 국가의 본질과 실체를 직시하면서 개인과 국가 사이의 비틀린 관계를 바로잡아야 합니다. 그리고 이를 위해서는 무엇보다 맹목적인 국가주의와 애국주의 신화에서 벗어나야 합니다.

진정으로 나라를 아끼고 사랑하는 길은 뭘까요? 참된 애국심이란 뭘까요? 깨어 있는 시민이자 주권자로서 민주적이고 정의로운 나라를 만드는 것, 모두가 골고루 잘사는 사회를 일구는 것이 참 애국을 실천하는 길이 아닐까요? 애국심은 위에서 강요한다고 해서 생기는

---

❷ 보상이란 법에 어긋나지 않는 행위를 했는데도 타인에게 손해를 끼쳤을 때 그것을 물어주는 것을 가리킨다. 배상이란 이와 달리 불법 행위나 실수로 타인에게 손해를 끼쳤을 때 그것을 물어주는 것을 뜻한다.

게 아닙니다. 자기 나라에 대한 긍지와 자부심이 있다면 저절로 생겨나는 게 애국심입니다. 애국심을 강조하기 이전에 먼저 나라다운 나라를 만드는 것이 중요한 까닭입니다.❸

국가를 어떻게 볼 것인가 하는 문제는 사실 민주주의 이론이나 정치학에서 매우 중요한 주제이자 뜨거운 논쟁거리입니다. 요즘은 사적인 자본과 시장 권력이 위세를 떨치고 있어서 국가의 공적 권능과 역할을 강화해 자본과 시장을 더 강력하게 규율해야 한다는 목소리가 높은 편입니다. 하지만 극단적으로는 국가(또는 국가권력) 자체를 아예 '나쁜 것'으로 여기는, 즉 국가를 근본적으로 부정하는 사람들도 없지 않습니다. 국가는 본질적으로 민중을 억압하는 폭력적인 지배기구일 뿐이라는 얘기지요. 한편으로, 국가가 해야 할 구실이나 기능을 중시하면서도 그것이 민간, 곧 기업이나 시민사회의 자율성을 해치지 않는 범위 안으로 국한되어야 한다는 견해도 만만찮습니다. 좀 추상적이긴 하지만, 국가가 되도록 '좋은 일'은 많이 하고 '나쁜 일'은 하지 않도록 개조해 나가야 한다는 얘기로 뭉뚱그릴 수 있겠지요.

❸ 사실은 '국기에 대한 경례'도 다시금 생각해 볼 필요가 있다. 시도 때도 없이 툭하면 국가를 떠올리게 만들고 애국심을 맹세하도록 하는 게 좋은 일일까? 더 중요한 질문은 이것이다. 국기에 대한 경례를 모두에게 강요할 수 있는가? 미국에서 이런 일이 있었다. 2차 세계대전이 한창이던 1943년 웨스트버지니아주에서 종교적 이유로 국기에 대한 경례를 거부한 학생이 퇴학을 당하는 일이 벌어졌다. 아버지는 소송을 냈고, 미국 연방대법원은 국기에 대한 경례를 강요하는 것은 헌법에 어긋나는 일이라며 이렇게 판결했다. "우리 헌법의 별자리 가운데 움직이지 않는 하나의 별이 있다면 그것은 어떤 통치자도 정치, 애국심, 종교에 대한 다양한 의견 중에 무엇이 정통인지를 규정할 수 없고, 그에 대한 신념을 고백하도록 강요할 수도 없다는 사실이다." 이와는 반대로 우리나라 대법원은 지난 1976년 종교적 이유로 국기에 대한 경례를 거부한 여고생들을 퇴학시킨 것이 정당하다는 판결을 내린 적이 있다.

126

126

앞서 밝힌 대로 이 책에서는 국가를 비판적으로 되살펴 보자는 취지의 얘기를 주로 했습니다. 그렇지만 국가를 부정적으로만 보는 것은, 적어도 국가가 존재하는 한, 그리 온당하지도 현명하지도 않습니다. 국가를 지나치게 숭배하거나 혐오하는 태도는 둘 다 어리석습니다. 반복되는 얘기지만, 그러므로 중요한 것은 '좋은 국가'란 무엇인지, 나아가 좋은 국가를 어떻게 만들지를 깊이 궁리하는 게 아닐까 싶습니다.

국가는 '권력의 놀이터'가 아닙니다. 주권자인 우리 시민의 충직한 '일꾼'이 되어야 합니다. 국가가 사회를 집어삼켜서는 안 됩니다. 사회가 국가에 종속돼서는 안 됩니다. 반대로 사회가 국가를 끌어들이고 통합시켜 온전한 민주주의 정치 공동체를 만들어야 합니다. 이것이 국가와 민주주의의 건강한 관계입니다.

5 법은
시민의 것

중요한 것은 법을 누가 어떻게 만들고 집행하는지를 따져 보는 일입
니다. 어떻게든 법만 만들면 된다거나 법에 따른 절차만 지키면 된다
고 여기는 건 짧은 생각입니다. 누구나 어떤 상황에서든 법에 고분고
분 순종해야 한다는 식으로 법치를 말한다면 그런 법치는 민주주의와
거리가 멉니다. 진정한 법치는 법을 만드는 과정에 시민이 주체로 참
여할 때 비로소 가능합니다. 법을 만드는 권력과 권위의 원천은 주권
자인 시민입니다.

기울어진 운동장

민주주의에 늘 따라붙는 말 가운데 하나가 '법치주의'입니다. 민주주의는 '법의 지배'를 필요로 한다는 얘기지요. 여기엔 반드시 전제조건이 있습니다. 모든 사람이 법 앞에서 평등하다는 게 그것입니다. 특히 권력 행사가 반드시 법에 근거해야만 한다는 점이 중요합니다. 법에 근거하지 않고서는 국가, 정부, 통치자 등이 국민의 권리와 자유를 제한하거나 국민에게 의무를 지울 수 없다는 거지요. 그래야만 특정 권력자나 특정 세력의 독재와 자의적인 지배를 막을 수 있으니까요.

법의 지배가 필요한 또 한 가지 중요한 이유가 있습니다. 민주주의에는 반드시 적절한 절차가 필요합니다. 이 절차의 공정성을 보장해 주는 것이 법입니다. 무슨 일이든 절차가 공정해야 결과도 정당성을 확보할 수 있습니다. 또 공정한 절차는 누구나 자기가 목적하는 바를 다른 사람의 자유를 존중하면서 이룰 수 있도록 해 주기도 합니다. 이렇게 보면 여기엔 평등을 바탕으로 하는 인간의 존엄성과 자율성을 존중하려는 민주주의의 이상이 담겼다고 할 수 있습니다.

정치라는 관점에서 법을 바라보면 어떻게 될까요? 민주주의 사회에서 정치란 사회의 다양한 이해관계를 대화와 타협으로 조정해 구성원들을 조화시켜 나가는 과정이기도 합니다. 그러려면 당연히 규칙이 필요합니다. 사람들의 기본권을 지키고, 각 개인과 집단의 이익을 보장하며, 사회에서 발생하는 여러 갈등과 충돌을 조정하려면 서로 합의해서 만들고 모두가 지키는 규칙이 있어야 한다는 거지요. 이

129

규칙이 바로 법입니다. 특히 법 가운데서도 국민의 기본권, 권력 구조와 통치 방식, 각 국가기관의 위상과 역할, 한 사회가 추구해야 할 가치나 방향 등을 규정한 가장 높은 수준의 법이 헌법입니다. 한 나라의 기틀이자 최상의 규범이라 할 수 있지요.

그런데 법과 법치가 이처럼 소중하고 필요하다는 것만으로 얘기를 끝내도 될까요? 법을 잘 지키고 따르기만 하면 될까요?

이에 우리는 딩장 '유전무죄 무전유죄'라는 유행어를 떠올리게 됩니다. '돈 많은 사람은 죄가 없고 돈 없는 사람은 죄가 있다'라는 뜻이지요. 이 말은, 법이 엉뚱하게 변질되거나 오염되고 있는 현실을 꼬집고 있습니다. 실제로 우리는 권력이나 돈을 거머쥔 사람들, 예컨대 재벌 회장이나 대통령, 국회의원 같은 '높은 사람들'이 범죄를 저질러도 법에 따른 처벌을 받지 않거나 가벼운 처벌만을 받는 경우를 종종 목격합니다. 반면에 돈 없고 힘없는 일반 서민들은 가벼운 잘못만 저질러도 법 앞에서 벌벌 떨어야 할 때가 많습니다. 이처럼 현실의 법은 공정하지 않습니다. '만인은 법 앞에서 평등하다'라는 말을 비꼰 '만 명만 법 앞에서 평등하다'라는 말이 사람들 입에 오르내리기도 하지요. 오늘날 법이라는 운동장은 한쪽으로 지나치게 기울어져 있습니다.

왕이 죽느냐, 혁명이 죽느냐

법에 드리워진 '어두운 그늘'은 여기서 그치지 않습니다. 예를 들어 전쟁광이자 유대인 대량 학살을 비롯해 갖가지 만행을 일삼은 독일의 히틀러 나치 정권은 어떻게 탄생했을까요? 쿠데타 같은 폭력이나 불법적인 방법으로 권력을 움켜쥐었을까요? 아닙니다. 히틀러는 합법적인 선거를 거쳐 최고 권력자 자리에 올랐습니다.

1930년대 당시 독일 사람들은 그즈음 세계를 강타한 경제 대공황이 불러일으킨 경제적 고통, 1차 세계대전 패배에 따른 정신적 상처, 끝없는 정치사회적 혼란 등에 휩싸여 있었습니다. 그 탓에 당시 다수의 독일 대중은 강력한 지도력을 갖춘 통치자가 자신들을 이끌어 주길 원했습니다. 무너진 경제를 다시 일으켜 세우고, 혼란스러운 사회를 안정시키며, 추락한 국가의 영광을 되찾아 줄 지도자에 대한 갈증이 널리 퍼져 있었다는 얘기지요.

이것이 히틀러의 등장 배경입니다. 또한 이렇게 해서 태어난 것이 파시즘입니다. 민주주의의 가장 큰 적 가운데 하나인 파시즘은 독재자의 권력욕과 대중의 왜곡된 욕망이 만나는 지점에서 탄생합니다. 독재자들은 선전·선동과 여론 조작 따위로 사람들에게 비뚤어진 환상과 욕망을 불어넣습니다. 그러고선 대중의 지지를 이끌어 내고 국민 동원 체제를 가동합니다. 그런 토대 위에서 안으로는 독재 정치를 펼치고 밖으로는 침략 전쟁을 일으키곤 하는 게 파시즘 체제 아래서 전형적으로 벌어지는 일들입니다. [1]

우리에게도 비슷한 경험이 있습니다. 유신헌법이 그것입니다. 유신헌법이 독재자 박정희가 만든 희대의 반민주 악법이라는 사실은 앞에서 얘기했습니다. 잊지 말아야 할 것은 이런 유신헌법이 적어도 형식적으로는 국민투표를 거쳐서 합법적으로 통과되었다는 사실입니다. 물론 이는 박정희가 아주 강압적이고 살벌한 공포 분위기를 조성해 힘으로 밀어붙인 결과이긴 합니다. 당시 박정희는 국회를 해산한 것은 물론 계엄령을 선포해 유신헌법에 대한 토론마저 금지했었지요. 하지만 어쨌든 법적 절차는 밟았습니다. 방금 소개한 인혁당 사건도 다르지 않습니다. 법이 독재의 도구로 악용되고 법으로 정의를 이루어야 할 사법부가 독재 권력의 '시녀'이자 '하수인'으로 전락한 전형적인 사례였지요.

현대 민주주의의 출발점인 프랑스혁명도 이런 관점에서 되짚어 볼 수 있습니다. 엄격하게 법치의 잣대만 들이댄다면 시민혁명이 과연 가능했을까요? 프랑스혁명 당시 국왕을 처형할 것이냐 말 것이냐를 두고 거센 논란이 일었습니다. 혁명이 일어날 당시만 해도 왕을 처형할 법적 근거가 없었던 탓이지요. 왕이 절대 권력을 휘두를 때이니 이

---

❶ 여기서 민주주의의 또 다른 측면을 엿볼 수 있다. 꼭 독재자 같은 특정 개인이나 소수집단만이 민주주의를 파괴하는 건 아니라는 게 그것이다. 다수의 대중 또한 민주주의를 망가뜨리는 데 가담할 수 있다. 설령 대중들 자신은 그럴 의도가 없고 또 자신들의 행위가 어떤 결과를 낳을지 알아차리지 못하더라도 말이다. 특히 전쟁, 경제 공황, 재난, 극심한 불평등이나 혼란 등과 같이 사람들의 삶이 고통에 빠지고 황폐해질 때가 위험하다. 이런 상황에서는 사람들의 군중 심리나 집단 정서가 급격하게 '나쁜' 방향으로 치달을 가능성이 높아지기 때문이다. 특히 지배자나 권력 집단이 이런 것들을 부추기고 악용할 때에는 더욱 심각한 문제를 일으키기 마련이다. '깨어 있는 시민'이 얼마나 중요한지를 이런 측면에서도 확인할 수 있다.

건 당연한 일이었습니다. 실제로 '법적 근거가 없다'는 이유로 왕의 처형을 반대한 이들이 꽤 많았다고 합니다. 하지만 이런 상황에서 혁명의 주역 가운데 한 사람인 로베스피에르가 명쾌하고도 단호한 주장으로 논란을 잠재웠다고 합니다. "좋습니다. 왕은 무죄인지도 모릅니다. 하지만 그를 무죄라고 선언하는 순간 시민혁명이 유죄가 됩니다. 이제 와서 혁명을 잘못이라고 할 수 있습니까? 왕을 죽여야 합니다. 혁명이 죽을 순 없기 때문입니다." 이 말에 반론을 제기하는 사람은 없었습니다. 왕을 처형할 수 없다면 결국은 혁명을 일으킨 자신들이 중대한 불법을 저지른 반역자가 되는 셈이니까요.

억압과 독재가 판치는 곳에선 저항이 일어나기 마련이고, 이 과정에서 때때로 기존 법을 어기는 경우가 발생하기도 합니다. 하지만 역사가 증명하듯이 민주주의는 이런 방식으로 전진하기도 합니다. 독재자들은 자신의 권력 유지와 강화를 위해 반민주적인 악법을 만들어

국민에게 강요합니다. 그러니 민주주의를 이루려면 이런 법에 맞서 싸울 수밖에 없습니다.

일상생활에서도 다르지 않습니다. 이런 상황을 한번 가정해 봅시다. 여기, 자동차 운전자들이 교통 법규를 상습적으로 어기는 어떤 지점이 있다고 합시다. 원인을 조사해 보니 도로 구조와 교통신호 체계에 문제가 있는 것으로 밝혀졌습니다. 이럴 경우 어떻게 하는 게 좋을까요? 운전자가 법규를 어기는 족족 법에 따라 처벌하는 것만이 능사일까요? 애초부터 법규를 어기지 않고 운전할 수 있도록 먼저 잘못된 도로 구조와 교통신호 체계를 바꾸는 게 현명한 해결책이 아닐까요?

법 '앞에서'와 법 '이전에'

중요한 것은 법을 누가 어떻게 만들고 집행하는지를 따져 보는 일입니다. 어떻게든 법만 만들면 된다거나 법에 따른 절차만 지키면 된다고 여기는 건 짧은 생각입니다. 누구나 어떤 상황에서든 법에 고분고분 순종해야 한다는 식으로 법치를 말한다면 그런 법치는 민주주의와 거리가 멉니다.

미국 연방대법원 판사였던 윌리엄 브레넌은 이런 말을 남겼습니다. "질서의 가치가 무질서의 가치에 경의를 표해야 할 때도 있다." 그렇습니다. 이를테면 우리나라에서 2016년 겨울부터 2017년 봄에 이르기까지 거대하게 타올랐던 촛불 집회는 얼핏 '무질서'로 보입니다. 하지만 '촛불'은 대통령 탄핵과 정권 교체를 이끌어 냈습니다. 우리 사회와 정치의 '새로운 질서'를 만드는 주춧돌이 되었습니다. 이처럼 무질서가 질서를 창조하기도 합니다. 법도 마찬가지입니다. '법이 아닌 것', '법 바깥의 것', '법을 넘어서는 것'이 오히려 법을 바로잡기도 하고 더 풍요롭게 하기도 합니다.

아마 '악법도 법이다'라는 말을 자주 들어 봤을 것입니다. 흔히들 고대 그리스 철학자 소크라테스가 한 말로 알고 있지요. 하지만 이는 잘못 알려진 이야기입니다. 소크라테스는 이런 말을 한 적이 없습니다. 악법은 없애거나 고쳐야 합니다. 이것이 민주주의 원리에 들어맞습니다. 만약에 악법도 그것이 단지 법이라는 이유로 무조건 지켜야 한다면, 인류 역사의 진전에 굵직한 자취를 남긴 모든 혁명은 불법 범죄가 될 수밖에 없습니다.

진정한 법치는 법을 만드는 과정에 시민이 주체로 참여할 때 비로소 가능합니다. 법을 만드는 권력과 권위의 원천은 주권자인 시민입니다. 그러므로 결국 법치주의는 민주주의가 제대로 작동할 때에만 온전한 의미를 지닌다고 할 수 있습니다. 법치가 민주주의에 앞서는 게 아니라 민주주의가 법치에 앞섭니다. 이런 뜻에서 법 가운데 최고법인 헌법을 새로 만들거나 고칠 때에도 시민 참여가 필요합니다. 이런 일을 정부나 정치인, 일부 전문가에게만 맡기는 건 민주주의를 거스르는 일이지요.

그게 가능하겠느냐고요? 물론 가능합니다. 과거에는 소수의 정치 엘리트가 내용을 정하고 시민은 그것에 대해 찬성 반대 여부만 밝히면 되는 '위로부터의 헌법'이 대세였습니다. 하지만 지금은 다릅니다. 헌법 내용을 정하는 단계부터 일반 시민이 직접 참여하는 '아래로부터의 헌법' 움직임이 지구촌 여기저기서 일어나고 있습니다. 실제로 유럽의 아이슬란드와 아일랜드, 아프리카의 남아프리카공화국 등지에서는 헌법 개정 작업을 할 때 일반 시민이 다양한 방식으로 직접 참여했습니다. 평범한 보통 사람들이 주권자이자 입법자로서의 권리를 명실상부하게 행사한 거지요.❷ 이와는 달리 나치 정권이나 유신헌법 사례는 민주주의가 망가졌을 때 법치주의 또한 그 의미를 잃어버릴 수밖에 없다는 사실을 잘 보여 줍니다. 어쩌면, 민주주의 없는 법치주의는 독재와 크게 다를 바 없다고 해야 할지도 모릅니다.

모든 사람이 법 '앞에서' 평등해야 한다는 건 지극히 당연한 얘기입니다. 하지만 더 나아가 이렇게 말하는 건 어떨까요? 모든 사람은 법 '이전에' 평등하다고 말입니다. 또한 그래야만 한다고 말입니다. 법치주의는 물론 민주사회를 이루는 과정에서 꼭 필요합니다. 그렇지만 지나친 법 우월주의나 법치 만능주의는 바람직하지 않습니다. 법에 무조건 복종하기보다는 어떤 법을 놓고서 이것이 과연 정의롭고 합리적인 법인지를 자신의 머리로 직접 판단하려는 마음가짐이 중요합니다. 또 이런 훈련을 쌓아 가야 합니다. 이것이 자기 삶의 주인으로 살아가는 자, 곧 민주주의자가 살아가는 방식입니다.

그래서 민주주의자들은 이런 질문을 던집니다. 법은 시민의 뜻을 얼마나 반영하는가? 법을 만들거나 고치는 과정이 시민 참여를 바탕으로 하는가? 법을 만드는 국회는 맡은 바 책무를 성실히 수행하는가? 사법부는 모든 이에게 평등하고 공정한 판결을 내리는가? 법이 민주주의, 인권, 정의, 평화를 이루는 데 제대로 이바지하는가? 질문할 뿐만 아니라 철저히 감시하는 것도 중요합니다. 그리고 잘못된 것은 바로잡아야 합니다.

　법은 국회의원이나 법관 같은 소수 전문가나 엘리트의 전유물이 아닙니다. 법은 시민의 것입니다. 시민이 법의 주인입니다. 법의 생명은 공정성과 형평성입니다. 권력과 자본의 영향으로부터 자유로워야 합니다. 이것이 민주주의의 대전제이고 법치주의의 원칙입니다.

❷ 2011년 아일랜드는 헌법 개정을 위해 '헌법회의'를 꾸렸는데, 총 100명의 구성원 가운데 66명은 무작위 추첨으로 뽑힌 시민이었다. 33명은 국회의원, 1명은 중립적인 의장이었다. 시민 대표가 의회 대표보다 두 배나 많았다. 회의는 모두 일반에게 공개됐고 인터넷으로 실시간 중계됐다. 활동 결과 18건의 헌법 개정 사안이 정부에 제출됐다. 하지만 의회에서 보수파가 크게 반발하는 바람에 큰 성과를 내진 못했다. 이에 시민들의 분노가 들끓어 올랐고, 그 결과 2016년 총선이 끝난 뒤 보다 강력한 법적 권한을 갖춘 '시민의회'를 다시 구성했다. 이번엔 정치인을 뺐다. 100명의 시민의회 대표 모두를 무작위로 선발된 시민으로 구성했다. 시민의회는 헌법 개정 내용을 만들어 의회에 제출하고, 의회는 이를 논의한 뒤 국민투표에 부쳐서 최종 결정을 내리게 된다. 2018년 5~6월쯤에 국민투표가 실시될 예정이다. 아이슬란드에서는 2009년 시민단체들이 주도하여 각계각층 대표 1500명이 참여하는 '국민의회'를 구성해 헌법 개정을 추진하기 시작했다. 그 뒤 총선으로 새로 집권한 정부가 시민들의 개헌 열망에 자극받아 '국민포럼'을 구성했는데, 여기엔 960명의 일반 시민이 인구 비례에 맞추어 참여했다. 여기서 시민들은 천연자원 공유화, 대통령과 장관의 권한 제한, 국가 재정 관리의 독립성 확보, 선거구제 개편 등의 내용을 담은 개헌안을 마련했다. 그리고 이 안은 2012년 국민투표로 통과됐다(찬성 66.3퍼센트). 하지만 결국은 마지막 관문인 의회에서 좌절됐다. 기득권을 놓치지 않으려는 보수 야당의 집요한 방해 공작 탓이었다. 아이슬란드 사례는 개헌 자체는 실패했지만 시민 참여 개헌이라는 새로운 흐름에 소중한 힘을 보탰다. 남아프리카공화국 사례도 주목할 만하다. 1994년 490명으로 이루어진 '헌법의회'를 구성한 뒤 활발한 시민 참여를 바탕으로 새 헌법을 제정하는 데 성공했다. 헌법의회의 세 가지 운영 원칙은 모든 사회 구성원을 망라하는 '포괄성', 누구나 개헌 내용을 접할 수 있도록 하는 '접근성', 모든 정보를 공개하는 '투명성'이었다. 나라마다 사회적 여건과 방식 등이 조금씩 달랐지만 이들 나라의 공통점은 헌법을 만들거나 고치는 과정에 시민이 주체로서 참여했다는 점이다.

1 참여민주주의: 세상을 바꾸는 힘

참여란 정치적인 문제를 비롯해 공적인 사안에 대해 자기 의견을 밝히고 나아가 그것을 실제로 이루려고 행동하는 것을 말합니다. 이것은 단지 자신의 권리에 눈을 뜨는 데서 그치지 않습니다. 자기 삶의 주인으로 살아가는 방도이기도 합니다. 참된 민주주의자가 되는 길이 참여에 있다는 얘기지요. 참여 없이 세상이나 역사를 바꿀 수 없습니다. 참여는 잘못된 정책을 바로잡을 뿐만 아니라 깨끗하고 투명한 행정 문화를 만들어 냅니다.

아름다운 힘, 참여

지금까지 우리는 대의민주주의와 자유민주주의로 대표되는 지금의 민주주의가 어떤 상황에 놓여 있으며 어떤 문제를 안고 있는지를 살펴보았습니다. 그 결과 민주주의 본연의 정신과 가치가 심각하게 훼손되고 있다는 사실을 확인했습니다. 이제 민주주의의 텃밭에 새로운 씨앗을 뿌려야 합니다. 민주주의의 새로운 지평을 열어야 합니다. 지금의 병든 민주주의는 보다 창의적인 상상력, 더욱 힘찬 활력, 한층 담대한 용기를 절실히 필요로 하고 있습니다.

민주주의의 새로운 구상에 관한 이야기는 아주 다양합니다. 무수한 이론과 사상, 수많은 모색과 실험이 곳곳에서 펼쳐지고 있습니다. 하지만 이 모두를 낱낱이 살펴볼 순 없고 또 그럴 필요도 없습니다. 흐름이나 맥락에 따라 몇 가지로 분류해 간추릴 수 있으니까요. 이에 따라 이 책에서 제시할 것들은 참여민주주의, 경제민주주의, 추첨민주주의, 생태민주주의, 전자민주주의 등입니다. 이 이야기들을 종합하면 우리는 민주주의의 새 길을 안내하는 나름의 '지도'를 그려 볼 수 있습니다. 첫 이야기의 주제는 참여민주주의입니다.

'참여'를 새로운 민주주의 구상의 첫머리로 삼는 이유는 뭘까요? 그것은 시민을 무기력한 구경꾼이나 수동적인 소비자로 전락시키는 것이 기존 민주주의의 가장 큰 문제이기 때문입니다. 적극적이고 능동적으로 참여하는 시민이 만들어 가는 참여민주주의는 새로운 민주주의의 마중물이 될 뿐만 아니라 다양한 대안 민주주의의 공통적인 밑

141

바탕을 이룹니다.

참여란 정치적인 문제를 비롯해 공적인 사안에 대해 자기 의견을 밝히고 나아가 그것을 실제로 이루려고 행동하는 것을 말합니다. 이것은 단지 자신의 권리에 눈을 뜨는 데서 그치지 않습니다. 자기 삶의 주인으로 살아가는 방도이기도 합니다. 참된 민주주의자가 되는 길이 참여에 있다는 얘기지요.

참여 없이 세상이나 역사를 바꿀 순 없습니다. 참여가 없다면 독재와 권력 남용, 부정부패 따위가 활개를 치리라는 건 불을 보듯 빤한 일입니다. 참여는 잘못된 정책을 바로잡을 뿐만 아니라 깨끗하고 투명한 행정 문화를 만들어 냅니다. 사회적 정치 교육과 민주주의 훈련의 훌륭한 기회가 되기도 합니다. 참여가 민주주의를 지키고 키우는 '아름다운 힘'이라 불리는 까닭입니다.

그럼, 참여를 실천할 수 있는 방법으로는 어떤 게 있을까요? 가장 보편적이고 손쉬운 것은 선거 참여입니다. 하지만 이 외에도 참여의 방식과 형태는 아주 다양합니다. 국민투표나 주민투표, 정책 결정을 위한 공청회나 공론조사 같은 일에 참여할 수도 있고, 집회나 시위에 참가하여 자신의 목소리를 직접 낼 수도 있습니다. 시민단체나 지역 모임 활동, 정당이나 시민단체 등에서 진행하는 프로그램, 자원봉사 활동 등에 참여해도 됩니다. 자신이 지지하는 정당이나 정치운동 단체에 당원이나 회원으로 가입하여 보다 직접적인 정치 참여를 실천할 수도 있고요.

특히 인터넷과 스마트폰을 비롯한 정보통신기술의 급속한 발달은 시간과 공간의 제약에 구애받지 않고 손쉽게 정치에 참여할 수 있는 기회를 활짝 열어 주고 있습니다. 예를 들면 인터넷 게시판이나 사회 관계망서비스(SNS) 등과 같은 다양한 사이버 공간에 자기 의견을 올리는 것이 대표적이지요. 국회의원, 시장, 정부 담당자 등에게 전화를 걸거나 편지를 보내 자기 의견을 밝힐 수도 있습니다. 신문, 잡지 등 언론 매체에 글을 기고하는 것도 아주 좋은 방법입니다. 요즘은 혼자서 특정 장소에 나가 시위를 벌이는 사람도 많습니다. 이른바 1인 시위지요. 1인 시위의 영향력은 결코 작지 않습니다. 실제로 해 본 사람은 이 사실을 잘 알지요. 나아가 뜻을 함께하는 사람들을 모아서 연대하면 참여의 위력은 한층 커집니다. 이를테면 어떤 사안에 대한 서명을 받아서 정부나 국회의원 등에게 제출하면 이들은 이런 의견을 무시하기 힘듭니다. 또한 일상의 생활공간들, 예컨대 학교, 일터, 마을, 길거리 등에서 부당한 일을 당하거나 목격했을 때 그냥 꾹 참거나 남의 일이라고 모른 체하는 것은 민주 시민의 자세가 아닙니다. 겉으로 드러내고, 널리 알리고, 소리 높여 외쳐야 합니다.

민주주의에는 공짜가 없습니다. 참여하는 만큼 넓어지고 높아지는 것이 민주주의입니다. 참여는 '사적인 것의 동굴'로 제각각 흩어져 자기중심적 생활에 빠지기 십상인 대다수 현대인에게 공적인 자유와 행복을 맛보게도 합니다. 참여는 공적인 공간을 만들어 내고, 우리는 거기서 다양한 사람을 만납니다. 거기서는 경청, 대화, 토론, 합의 등과 같은 다채로운 의사소통이 활발하게 이루어집니다. 그 과정에서 우리는 상대방을 설득하기도 하고, 자신의 오류를 깨닫고서 바로잡기도 합니다. 몰랐던 것을 새롭게 배우기도 하고, 이해관계나 선호를 바꾸기도 합니다. 그러면서 다른 사람에 대한 이해와 존중과 관용을 키워 갑니다. 또한 토의를 거쳐 뭔가를 결정하고 공동의 목표를 중심으로 뜻과 행동을 모으는 과정에서 진정한 책임감이 무엇인지를 경험하기도 합니다. 이처럼 참여를 통해 사람들은 자신에게 맞는, 또는 자기가 추구하는 삶의 방식과 문법을 새롭게 만들어 나갈 수 있습니다.

참여는 삶을 민주화하고, 민주화된 저마다의 삶은 민주주의의 살과 피를 이룹니다. 사람은 민주주의를 키우고, 민주주의는 사람을 키웁니다. 그 선순환의 연결고리가 참여입니다. 기존 대의민주주의로는 풀기 어려운 많은 문제를 해결할 수 있는 길을 열어 주는 것이 참여입니다.❶ 참여민주주의에는 다양한 종류가 있습니다. 참여하는 방식과 형태가 무수히 많으니 이는 당연합니다. 먼저 살펴볼 것은 '직접행동' 입니다.

❶ 플라톤은 참여의 의미를 이렇게 요약했다. "정치 참여를 외면한 대가는 자기보다 열등한 자들의 통치를 받는 것이다." 또한 나치 파시즘에 저항했던 독일 신학자 마르틴 니묄러의 시 〈그들이 처음 왔을 때〉는 지금도 널리 인용되면서 침묵과 무관심의 폐해를 일깨운다. "그들(나치)이 처음 공산주의자들을 덮쳤을 때/ 나는 침묵했다/ 나는 공산주의자가 아니었기에// 그들이 사회민주당원을 덮쳤을 때/ 나는 침묵했다/ 나는 사회민주당원이 아니었기에// 그들이 노동조합원들을 덮쳤을 때/ 나는 침묵했다/ 나는 노동조합원이 아니었기에// 그들이 유대인을 덮쳤을 때/ 나는 침묵했다/ 나는 유대인이 아니었기에// 그들이 날 덮쳤을 때/ 그때는 더 이상 나를 위해 말해 줄 이가/ 아무도 남아 있지 않았다."

민주주의의 각성제, 직접행동

1955년 12월 1일, 미국 앨라배마주 몽고메리라는 도시에서 있었던 일입니다. 그날 42세의 여성 흑인 재봉사였던 로자 파크스가 집으로 가는 버스를 탔습니다. 빈자리가 있기에 앉았습니다. 당시 미국은 인종차별이 기승을 부렸습니다. 흑인은 버스를 타더라도 뒷자리에 앉아야 했습니다. 또 백인이 자리를 원하면 양보해야 했습니다. 이것이 당시의 사회적 규칙이었습니다. 그래서 그를 포함한 네 명의 흑인이 버스에 올라타자 운전기사는 백인 승객이 앉을 수 있도록 자리를 양보하라고 요구했습니다.

다른 흑인 세 명은 이 요구를 순순히 따랐습니다. 하지만 로자 파크스는 자리에서 일어나지 않고 꿋꿋이 버텼습니다. 당시로서는 상상하기 힘든 일이 벌어진 거지요. 이 저항의 대가로 그는 백인 승객들과 운전기사로부터 심한 모욕을 당한 것은 물론 경찰에 체포되기까지 했습니다. 하지만 이 사실이 알려지면서 흑인들 사이에 저항의 움직임이 꿈틀거리기 시작했고, 결국 이 사건은 그 뒤 거대한 흑인 인권운동을 불타오르게 만든 기폭제가 되었습니다.

당시 흑인들은 시민 저항의 일환으로 인종차별 규칙들을 폐지할 때까지 대대적인 버스 안 타기 운동을 펼쳤습니다. 백인 기득권 세력은 온갖 탄압과 방해 공작을 서슴지 않았습니다. 하지만 오랫동안 차별과 멸시에 시달리며 차곡차곡 분노를 쟁여 온 흑인들의 저항은 더욱 거세졌습니다. 결국 1956년 11월 13일 연방대법원은 버스 안에서 벌

어지는 인종차별을 헌법 위반이라고 판결했습니다. 그때서야 비로소 흑인들은 버스 안에서 백인 승객과 동등한 대접을 받게 되었습니다. 로자 파크스는 2005년 아흔두 살 나이로 사망할 때까지 인권운동의 위대한 영웅으로 존경을 받았습니다.

평범한 흑인 여성이 버스 좌석에서 일어나지 않고 가만히 앉아 있는 것은 얼핏 사소한 행동으로 보일지도 모릅니다. 그러나 그 작은 몸짓은 담대한 용기를 필요로 하는 것이었습니다. 그리하여 결국은 거대한 저항 운동을 불러일으키는 결정적인 도화선이 되었습니다. 작은 행동 하나가 역사의 물줄기를 바꾼 거지요. 로자 파크스가 보여 준 이런 실천을 '직접행동'이라 합니다. 참여민주주의의 가장 실질적인 형태인 직접민주주의를 상징하는 것이 직접행동입니다. 직접행동이란 선거를 비롯해 정상적이고 제도화된 정치 과정을 거치지 않은 채 말 그대로 어떤 문제를 직접 제기하고 해결하려는 움직임을 가리킵니다. 시민운동과 사회운동, 항의운동 등을 두루 아우르지요. 구체적인 보기로는 노동자들의 파업, 다양한 시위와 집회, 점거와 농성, 특정 상품이나 특정 기업 제품의 불매 운동, 세금 납부 거부, 시민불복종 운동 등을 꼽을 수 있습니다. 멀리 갈 것도 없이 대통령 탄핵을 이끌어 낸 우리나라의 촛불 집회야말로 직접행동의 대표 사례입니다.

직접행동은 왜 발생할까요? 촛불 집회가 알려 주듯이 직접행동의 불꽃이 점화되는 곳은 민주주의가 망가진 곳입니다. 특히 법과 제도의 보호를 제대로 받지 못하는 약자와 소수자들에게 직접행동은 소중한 '무기'가 될 수 있습니다. 직접행동 외엔 자기 목소리를 낼 수 있는 다른 길이 없으니까요.

모든 직접행동이 늘 바람직하거나 현명한 것은 아닐지도 모릅니다. 민주주의가 정상적으로 작동하려면 갈등이나 대립을 대의정치라는 제도적 틀 속으로 수렴해야 한다고 여기는 사람들이 더러 있는 것도 사실입니다. 법이나 제도를 통해 문제를 해결하는 것이 중요하다는 건 두말할 필요도 없습니다. 하지만 잊지 말아야 할 것은 사람들이 직접행동에 나서는 이유입니다. 방금 말했듯이 민주주의가 제대로 작동하지 않을 때 직접행동은 시작됩니다. 영국의 정치학자 에이프릴 카터는, 대의정치라는 형식만 남은 곳에서 자본과 권력에 맞서는 보통 사람들에게 허용된 거의 유일한 민주적 안전장치가 직접행동이라고 강조했습니다.

직접행동은 형식적인 틀과 논리에 갇힌 대의민주주의를 넘어 민주주의의 '실질'을 강화하는 적극적인 정치행위입니다. 시민이라면 누구나 누려야 할 권리이기도 합니다. 그래서 직접행동은 종종 큰 힘을 발휘합니다. 나태해지려는 대의민주주의를 긴장시킵니다. 대의민주주의가 놓치고 있거나 소홀히 다루는 문제들을 제기하기도 하고 때로는 해결하기도 합니다. 그럼으로써 민주주의를 늘 깨어 있게 합니다. 직접행동은 민주주의의 '각성제'입니다.

한데, 직접행동만이 직접민주주의를 실천하는 유일한 길일까요? 직접민주주의를 좀 더 안정적이고 제도적으로 구현할 수 있는 방법은 없을까요? 직접행동 외에 일반 시민이 중요한 공적 결정에 직접 참여할 수 있는 제도적 대안은 여러 가지가 있습니다.

국민투표, 국민발안, 국민소환 등이 대표적입니다. 국민투표는 국가의 중요한 정책을 국민이 직접 투표로 결정하는 제도입니다. 국민발안은 일정 수의 국민이 직접 헌법 개정안이나 법률안을 만들어 제안하는 제도입니다. 국민소환은 선거로 뽑힌 대통령이나 국회의원 같은 공직자를 국민의 뜻에 따라 임기가 끝나기 전에 물러나게 하는 제도입니다. 우리나라는 국민투표만 제한적으로 시행하고 있을 뿐 국민발안과 국민소환은 채택하지 않고 있습니다. 반면에 이들 제도가 지역 단위에서는 시행되고 있습니다. 주민투표, 주민발안, 주민소환이라 부르지요. 이에 최근 국민투표제, 국민발안제, 국민소환제를 모두 대폭 강화하거나 전면 도입하자는 목소리가 높아지고 있습니다. 어떤 정책을 결정할 때 공청회나 토론회, 정부와 국회 등에서 운영하는 각종 위원회 등에 시민이 직접 참여하여 의견을 밝히는 것, 어떤 문제를 해결하거나 정책 과제를 수행하는 정부의 프로젝트 또는 프로그램에 시민이 직접 참여하여 활동하는 것도 직접민주주의를 실천하는 예라고 할 수 있습니다.

이런 활동으로 얻게 되는 효과는 뭘까요? 가장 중요한 것은 시민의 정치 참여 활성화입니다. 정책의 정당성, 정책에 대한 신뢰, 사회정치적인 시민교육, 정부의 책임감 등이 두루 높아지는 효과도 거둘 수 있습니다. 정치적 견해와 이슈가 다양하게 드러나고, 사회적 약자나 소수자의 목소리가 높아지는 데에도 도움이 되고요.

직접민주주의에 대한 우려나 비판은 없을까요? 당연히 있습니다. 먼저, 직접민주주의의 대표성과 정통성 문제를 제기하는 사람들이 있습니다. 일반 시민은 선거를 통해 뽑힌 공식 대표가 아니므로 역할이나 권위에 한계가 있지 않느냐는 거지요. 일반 시민들이 합리적이고 사려 깊은 결정을 내릴 수 있을까, 라는 의문이 나오기도 합니다. 특정 개인이나 집단의 사적인 이익 추구가 끼어들 여지가 얼마나 있는지도 짚어 볼 점입니다.[2] 참여가 무분별하거나 지나쳐 사회가 혼란해지지 않을까, 정치나 정책의 효율성이 낮아지지는 않을까 하는 물음을 던지는 사람들도 있습니다.

이런 지적들에는 귀를 기울일 대목이 분명히 있습니다. 하지만 온당치 못한 것도 적지 않습니다. 예를 들어 일반 시민들의 판단이나 결정을 신뢰하기 힘들다고 함부로 단정해도 될까요? 물론 각 개인의 판단이나 결정에는 오류나 흠결이 있을 수 있습니다. 하지만 다수 시민

[2] 이것은 실제 현실에서도 확인된다. 금권정치가 활개를 치는 미국이 대표적이다. 미국에서는 주민발안이 아주 상업화돼 있다. 주민발안을 이용해 돈을 버는 사기업들이 생겨나 활동하고 있을 정도다. 이들 기업은 의뢰를 받으면 법안 초안 작성부터 서명 동원, 캠페인, 설문조사, 투표장 참여 등에 이르기까지 주민발안에 필요한 모든 일을 도맡아서 처리해 준다고 한다. 이는 곧바로 민주주의의 상업화와 오염으로 이어진다.

의 의견을 종합하면 결과적으로는 합리적이고 타당한 견해가 만들어질 때가 많습니다. 이것을 '집단지성'이라 부르지요. 직접민주주의가 특정 집단에 휘둘릴 거란 비판도 다르지 않습니다. 시민은 멍청한 바보가 아닙니다. 외려 특정 집단의 농간에 놀아나거나 그들과 한통속이 되어 민주주의를 망치는 주역은 시민이 아니라 기성 정치인들이라는 게 우리의 경험입니다. 소수 특정 집단의 과도한 영향력이나 '장난질'을 문제 삼는다면 그것이 겨냥해야 할 과녁은 직접민주주의가 아니라 기존의 고장 난 대의민주주의입니다.

어떤 일이든, 설령 그것이 아무리 좋은 일이라도, 대개는 부작용이나 후유증이 어느 정도는 나타나기 마련입니다. 그러므로 큰 틀에서 볼 때 옳은 일이라면 어쨌든 열심히 추진하는 게 중요합니다. 그 과정에서 어떤 문제가 불거진다면 그것은 그것대로 차근차근 해결해 나가야지 그 때문에 일 추진 자체를 아예 부정하거나 미리 포기하는 건 어리석은 짓입니다. 목욕물을 버린답시고 어린아이까지 버려서는 안 되겠지요.

직접민주주의를 향한 비판이나 우려를 경청하는 것은 직접민주주의를 부정해서가 아닙니다. 반대로 직접민주주의의 약점이나 결점을 보완함으로써 직접민주주의가 민주주의 본연의 구실을 더욱 잘 수행할 수 있도록 하기 위함입니다. 직접민주주의의 원동력은 참여입니다. 온전한 민주주의를 이루는 핵심 요소 또한 참여입니다. 민주주의의 근본 원리가 '스스로 다스림'이고 이것을 이룰 수 있는 방도가 참여니까요. 그러므로 직접민주주의는 민주주의의 본질에 가장 가깝다고 할 수 있습니다.

성찰하고 숙고하는 민주주의

다음으로 알아볼 것은 '숙의민주주의'입니다. 이 또한 참여민주주의의 한 갈래입니다. 용어 자체가 좀 어렵고 딱딱한가요? 알기 쉽게 먼저 보기를 들겠습니다.

우리나라에서는 지난 2017년 '공론조사'라는 색다른 방식으로 중요한 정책을 결정한 적이 있습니다. 공론조사란 주로 찬반이 뚜렷한 사안을 놓고서 관련 정보를 충분히 제공받은 시민들의 다양한 의견을 수렴해 공론, 곧 사회적 여론을 형성하는 것을 말합니다. 결정해야 할 사안은 새 원자력발전소의 건설 공사를 계속할지 그만둘지 여부였습니다.

공론화위원회가 구성되자 470여 명의 일반 시민이 석 달 동안 진행된 공론조사 활동에 참여했습니다. 이들은 학습과 정보 공유, 전문가

의 주제 발표와 이에 따른 질의응답, 2박 3일간의 집중 합숙 토론 등을 거쳐 마지막 순서로 설문조사 형태로 진행된 공론조사에 응했습니다. 공론화위원회는 이 공론조사 결과를 담은 정책 권고안을 정부에 제출했고, 정부는 이것을 그대로 받아들였습니다. 기왕에 짓고 있던 신규 원전 건설은 계속하되 장기적으로는 원전을 줄이는 정책을 펼친다는 게 그 내용이었지요.

우리 사회에서 주요 국가 정책이자 첨예한 사회적 갈등 사안의 해법을 일반 시민이 직접 결정한 것은 이것이 처음입니다. 소수의 정치인, 전문가, 관료가 아니라 평범한 보통 사람들이 직접 정책을 결정하는 '시민주권'이 실현된 거지요. 그만큼 아주 뜻깊은 민주주의 실험이었다고 할 수 있습니다. 물론 문제점도 드러났습니다. 무엇보다 시간이 넉넉지 않았고, 그 탓에 자료 검토와 검증이 충분히 만족스럽지는

153

않았습니다. 진행 방식에 대한 비판의 목소리도 나왔고요. 하지만 전반적으로는 긍정적으로 평가할 수 있을 듯합니다. 무엇보다 참여 시민들은 높은 책임감과 사명의식을 가지고 활동에 임했습니다. 여러 회의나 모임 참석률이 예상보다 훨씬 높았다는 사실이 이를 증명합니다. 원자력발전과 원전 폐기에 대한 사람들의 관심이 높아지고 '결론'의 사회적 수용이 쉬워졌다는 점도 의미 있는 성과입니다. 공론조사라는 민주적이고 합리적인 의사 결정 덕분에 결론에 승복할 수 있는 정당성과 명분이 마련됐기 때문입니다.

이것이 숙의민주주의의 모습입니다. 즉, 일반 시민들이 함께 모여 서로 학습하고 토론하고 논쟁하고 의견을 주고받으면서 어떤 정리된 합의를 이끌어 내고 이 합의된 결론을 정책 결정에 반영하고자 하는 것이 숙의민주주의입니다. 일반적으로 숙의민주주의를 얘기할 때 숙의란 "단순한 토론이나 의견 교환과는 달리 개인적인 이해관계와 의견들이 더 높은 차원의 것으로 합의되고 통합에 이르는 것을 지향하는 의사소통"을 의미합니다.❸ 달리 말하면 "대화, 토론, 설득 등으로 개인들이 자신의 의견과 선호를 계속 변화시켜 가면서 합의된 집합적 의견을 만들어 가는 과정"이라고 할 수 있지요. 성찰하고 숙고하는 민

❸ '숙의(熟議)'를 사전에서는 '깊이 생각하여 충분히 의논함'이라고 풀이한다. 영어로는 'deliberation'이라는 낱말을 쓴다. '심사숙고, 숙의, 심의, 토의, 신중함, 찬찬함' 등의 뜻을 지닌다. 그래서 숙의민주주의는 심의민주주의, 토의민주주의 등으로도 불린다. 이 책에선 편의상 숙의민주주의라는 표현을 사용하지만 어떤 용어를 쓰든 상관없다.

주주의. 이것이 숙의민주주의의 본질입니다. 요컨대, 어떤 사안에 관한 정보와 지식을 충분히 습득하고, 전문가들과 깊이 있게 의사소통을 하며, 토론과 합의를 통해 사려 깊게 정책 결정에 참여하는 새로운 형태의 민주주의 대안이 숙의민주주의라는 얘깁니다.

숙의민주주의에는 한 가지 중요한 특징이 있습니다. 참여하는 시민들이 자신의 판단, 의견, 선호, 관점 등을 다른 사람들과 토론하고 숙의하는 과정에서 스스로 기꺼이 바꿀 수 있다는 것을 전제한다는 점이 그것입니다. 여기서 이런 변화는 이익 거래나 이해관계 타협의 산물이 아닙니다. 민주적이고 합리적인 토의의 결과입니다. 이것이 뜻하는 바는, 평범한 일반 시민도 엘리트 못지않게 합리적으로 토론할 줄 알고, 또 신중하고도 현명한 판단을 내릴 능력을 갖추고 있다는 사실입니다. 능동적으로 참여하는 사람과 사려 깊게 숙의하는 사람. 숙의민주주의가 그리는 이상적인 시민, 곧 '민주적 대중'의 모습이 이것입니다. 숙의민주주의가 정치적 의사 결정의 정당성을 높이고 사회적 갈등을 줄이는 데 크게 이바지할 수 있는 근거가 여기에 있습니다.

물론 숙의민주주의에도 다음과 같은 문제제기들이 뒤따릅니다. 현실적으로 숙의 과정에 참여할 수 있는 사람이 얼마나 될까? 하나의 합의된 결론이나 결정을 손쉽게 이끌어 낼 수 있을까? 지식, 정보, 권력, 사회적 지위 등에서 우월한 사람들이 숙의 과정을 주도하지 않을까? 숙의과정을 원만하게 진행하려면 비용과 자원이 많이 들지 않을까?

이런 것들은 두루 새겨들어야 할 지적들이고, 앞으로 개선하고 보완해야 할 과제들입니다. 하지만 해결하기가 그렇게 어려운 것들은 아닙니다. 방금 소개한 우리나라 공론조사가 첫 경험이었음에도 성공적으로 진행된 사실이 이를 단적으로 보여 줍니다. 정작 필요한 것은 숙의민주주의를 제도화할 수 있는 방안을 찾는 일입니다. 그리고 그런 문화와 사회적 분위기를 만들어 나가는 것이 중요합니다. 숙의민주주의가 다양한 분야와 영역에서 활성화된다면 민주주의는 물론 사회 전체의 질적 수준을 높이는 데도 큰 도움이 될 것입니다.

민주주의의 실핏줄, 풀뿌리민주주의

참여민주주의를 가장 효율적이고 손쉽게 실천할 수 있는 공간은 어디일까요? 멀리 떨어진 곳이 아니라 가까운 곳, 나라 전체가 아닌 각각의 지역, 큰 곳이 아닌 작은 곳이 아닐까요?

구체적인 삶의 현장이야말로 민주주의의 출발점이자 터전입니다. 풀뿌리민주주의가 민주주의의 대안을 논의할 때 빠짐없이 거론되는 일차적인 이유가 여기에 있습니다. '풀뿌리(grassroots)'는 '민초(民草)'라고도 합니다. 글자 그대로 풀처럼 낮은 곳에 살면서도 강인한 생명력을 지닌 민중을 가리키는 말입니다. 이런 풀뿌리가 주체가 되어 이끌어 가는 것이 풀뿌리민주주의입니다. '일반 시민이 지역 공동체의 살림살이에 자발적으로 참여함으로써 지역 공동체와 삶을 변화시키려는 참여민주주의의 한 형태'라고 풀어서 얘기하곤 합니다. 핵심 가치는 자치와 분권입니다. 자기 삶과 관련된 의사 결정에 스스로 참여해야 한다는 민주주의의 근본 원리를 잘 반영하고 있지요. 풀뿌리민주주의가 참여민주주의인 까닭은 선거를 통한 정치 참여를 넘어 시민들의 일상생활에 구체적인 영향을 미치는 결정들에 시민들 스스로 직접 참여하는 것을 중시하기 때문입니다.

풀뿌리민주주의가 이루어지는 곳은 구체적으로 어디를 가리킬까요? 시·군·구나 읍·면·동 같은 작은 규모의 행정단위일까요? 마을이나 동네 등으로 불리는 주민들의 실질적인 생활공간일까요? 시민의 삶과 관련된 정책의 효력이 미치는 공간일까요? 이 모두가 풀뿌리 공

간입니다. 풀뿌리 공간의 규모나 범주를 기계적으로 규정할 필요는 없습니다. 주민 생활에 영향을 미치는 정치와 정책이 펼쳐지는 곳이라면 그 어디나 본질적으로 풀뿌리 공간이라고 해야겠지요.

풀뿌리민주주의의 고갱이는 지방자치입니다. 사람들의 일상적 삶이 이루어지는 장소가 지역이고, 일상적 삶의 문제를 다루는 것이 지방자치입니다.❹ 그래서 풀뿌리민주주의는 생활정치를 지향합니다. 곧, 생활 곳곳에서 드러나는 여러 갈등과 문제를 주민 스스로 해결하고, 일상 구석구석에서 발생하는 권력의 부당한 억압이나 횡포에 맞서는 삶의 정치를 이루고자 하는 것이 풀뿌리민주주의입니다. 그래서 지방자치는 단지 지방정부와 지방의회 등으로 이루어지는 지방자치단체의 권능을 더 높이는 '행정자치'에서 끝나지 않습니다. 지역 주민이 스스로 자기 삶의 문제를 해결하고 결정하는 '주민자치'를 드높이는 것이야말로 지방자치의 핵심입니다. 기존의 제도화된 정치적 틀이나 행정 영역에서만 자치와 분권을 부르짖는 것은 공허할 뿐만 아니라 언제든 민주주의의 왜곡과 변질로 이어질 수 있습니다. 위로부터

❹ '지방'과 '지역'을 혼동하기 쉽다. 하지만 이 둘은 엄연히 뜻이 다르다. 지방은 '서울 이외의 지역' 또는 '중앙의 지도나 지휘를 받는 아래 단위의 기구나 조직을 중앙에 상대하여 이르는 말'이다. 지역은 '일정하게 구획된 어느 범위의 토지' 또는 '전체 사회를 어떤 특징으로 나눈 일정한 공간 영역'을 가리킨다. 서울을 기준으로 생각하면 이 둘의 차이를 쉽게 이해할 수 있다. 즉, 지방은 서울이나 중앙의 반대 또는 하위 개념인데 반해 지역 개념에 따르면 서울 또한 하나의 지역이다. 그래서 '지방자치'란 말 대신에 '지역자치'란 말을 써야 한다는 주장이 나오기도 한다. 지역은 서울과 지방을 동등하게 두루 아우르는 개념이기 때문이다. 또한 서울에서도 자치가 이루어져야 한다는 점에서도 '지역자치'란 말이 더 어울릴 법하다. 하지만 현실에서는 '지방자치'라는 용어가 굳어져 널리 쓰이고 있다.

가 아닌 아래로부터의 민주주의. 이것이 풀뿌리민주주의의 참모습입니다.

　우리나라는 풀뿌리민주주의가 아직 뿌리내리지 못했습니다. 공룡 같은 중앙 국가권력이 여전히 비대한 기득권을 움켜쥐고 있지요. 세계에서 유례를 찾아볼 수 없는 극단적인 수도권 과잉 집중 현상도, 중앙과 지방 사이의 극심한 양극화 문제도 이런 현실과 깊이 연관돼 있습니다. 풀뿌리민주주의가 대안입니다. 풀뿌리민주주의는 지역을 살립니다. 지역이 살아나면 나라 전체가 융성합니다. 풀뿌리민주주의는 지역을 민주화함으로써 그 지역들이 모여 이루어진 나라 전체를 민주화합니다. 풀뿌리민주주의는 '민주주의의 실핏줄'입니다. 공동체 전체에 빠짐없이 신선한 민주주의의 피를 공급해 주는 것이 풀뿌리민주주의입니다.

직접민주주의와 풀뿌리 자치의 모범 학교, 스위스

스위스는 여러 국제기구 조사에서 국민이 행복한 나라 세계 1위, 정부 신뢰도 세계 1위, 국가경쟁력 세계 1위 등으로 종종 꼽힌다. 인구 800여만 명의 이 나라가 이렇게 '잘나가는' 이유는 뭘까? 세계에서 가장 활발하게 이루어지는 직접민주주의와 풀뿌리 자치가 그 비결이라는 게 많은 이들의 평가다.

스위스 정치체제의 두 기둥은 2300개 코뮌과 26개 칸톤이다. 가장 밑바탕을 이루는 코뮌(commune)은 풀뿌리 기초 자치 공동체다. 전체 2300개 가운데 절반 이상이 인구 1000명이 채 안 된다고 한다. 칸톤(canton)은 우리나라로 치면 '도' 정도가 되겠다. 그러니까 칸톤은 광역자치단체이고 코뮌은 기초자치단체인 셈이다. 흔히 스위스는 '코뮌이 통치하는 나라'로 불린다. 행정직 시장이 있는 코뮌은 많지 않다. 대개 몇 명의 선출직 의원이 행정 대표 역할을 한다. 스위스에서는 주민발안과 주민투표가 일상적으로 이루어진다. 예산 결정 등과 같은 주요 정책 결정이 주민투표로 이루어진다. 80퍼센트가량의 코뮌에서는 선거로 선출된 정치 대표가 아니라 시민 대표로 구성되는 '시민총회'가 입법과 행정 권한을 가지고 있다.

스위스의 풀뿌리 자치가 지닌 힘의 상징은 자치단체가 갖고 있는 과세권, 곧 세금을 부과하는 권한이다. 중앙 연방정부, 칸톤, 코뮌의 세금 수입 비율이 3:4:3이다. 즉, 전체 세금 수입의 70퍼센트가 지방자치단체의 몫인 것이다. 우리나라의 지방세 비중이 고작 20퍼센트(중앙정부가 거둬 가는 국세는 80퍼센트)인 것과는 너무나 다르다. 업무와 권한은 어떨까? 스위스에서 중앙 연방정부는 국방, 외교, 화폐 정책 등과 관련된 제한된 권한만 가지고 있다. 대체로 코뮌과 칸톤이 연방정부와 엇비슷하거나 더 큰 권한을 가지고 있다. 주민 삶에 영향을 미치는 거의 모든 일을 코뮌에서 처리한다. 코뮌에서 처리하기 힘든 일만 상급 자치단체인 칸톤에서 처리한다. 연방정부는 칸톤을 보완하는 역할에 그친다. 이런 시스템 아래서 스위스 사람들은 해마다 중앙 연방정부 차원에서는 네 차례 정도의 국민투표, 칸톤과 코뮌 차원에서는 스무 차례 정도의 주민투표를 통해 공동체의 의사 결정에 직접 참여한다.

스위스는 본래 가난한 산악 국가였다. 국토 대부분이 알프스 산지인 데다 변변한 천연자원도 없다. 오랫동안 기독교의 신교(프로테스탄트)와 구교(가톨릭) 사이에 종교 분쟁을 겪었으며, 민족적으로도 갈라져 있다. 공식 언어만 해도 독일어, 프랑스어, 이탈리아어 등 네 가지에 이른다. 이랬던 나라가 오늘날은 수준 높은 정치 안정과 풍요로운 경제를 일궈 냈다. 사람들은 이를 '스위스의 기적'이라 일컫는다. 스위스의 기적은 곧 민주주의의 기적이다. 스위스 사람들은 유럽에서도 거의 유일하게 정치인이 아니라 자기들이 직접 정치를 한다고 믿는다. 풀뿌리민주주의와 직접민주주의의 힘은 여기서 나온다.

1. 참여민주주의: 세상을 바꾸는 힘

2 경제민주주의: 민주주의가 밥이다

경제란 한마디로 '밥'이요 '먹고사는 일'입니다. 모든 사람에게 가장 원천적이고 일차적으로 중요한 문제지요. 민주주의가 가르치는 바대로 자기 삶의 진정한 주인으로 살기 위해선 일차적으로 먹고사는 문제가 해결되어야 합니다. 굶주림에 시달리면서, 생존을 둘러싼 공포와 불안에 짓눌리면서 삶의 존엄을 논할 수 없으니까요. 그래서 경제민주주의 핵심 내용은 사회경제적 약자를 비롯해 모든 사람에게 인간다운 생활을 보장하는 것입니다.

그들은
왜 굶어 죽었을까?

1845년 영국 옆의 섬나라 아일랜드에 갑자기 재앙이 들이닥쳤습니다. '감자 마름병'이라 불리는 농작물 전염병이 전국을 덮쳤기 때문입니다. 그 바람에 당시 아일랜드 사람들의 거의 유일한 식량이었던 감자가 검게 썩어 들어가기 시작했습니다. 아일랜드는 8년 동안이나 혹독한 대기근을 겪어야 했습니다. 그 악명 높은 이른바 '아일랜드 감자 대기근'이지요. 당시 100만 명이 훨씬 넘는 사람이 굶주림과 질병으로 죽어 갔습니다. 먹고살 길을 찾아 다른 나라로 이민을 떠난 사람은 1910년까지 무려 500만 명에 이르렀고요. 오늘날 아일랜드 인구는 약 500만 명입니다. 1845년 당시 인구는 850만 명 안팎이었습니다. 감자 대기근을 일러 아일랜드 역사를 뒤바꾼 일대 참극이었다고 해도 지나친 말이 아니지요.

그런데 말입니다. 참 이상합니다. 당시 감자 마름병은 아일랜드에서만 발생한 게 아닙니다. 유럽 전역을 휩쓸었습니다. 하지만 아일랜드와 같은 재앙을 겪은 나라는 한 군데도 없었습니다. 왜 그랬을까요?

그때 아일랜드는 영국 식민지였습니다. 아일랜드 땅의 대부분은 바다 건너 영국 본토에 사는 영국인 지주들 소유였습니다. 이들은 자기들 땅에서 생산된 거의 모든 곡물을 영국으로 보냈습니다. 반면에 아일랜드 농민들에게 허락된 것이라곤 자그만 텃밭뿐이었습니다. 그리고 거기서 생산되는 농작물이라곤 감자밖에 없었습니다. 그 감자가 죄다 썩어 들어갔으니 굶주릴 수밖에요. 하지만 영국의 식민 지배자들은 식민지의 비극에 관심이 없었습니다. 사람이 굶어 죽거나 말거나 아랑곳하지 않고 아일랜드에서 생산된 농작물을 자기 나라로 실어 가기에 바빴습니다. 심지어 어떤 지주들은 죽어 가는 농민들에게조차 소작료를 요구했다지요.

당시 어느 아일랜드 민족주의 운동가는 이렇게 말했습니다. "감자 농사를 망친 건 물론 신이다. 하지만 그것을 대기근으로 바꾼 것은 영국인이다." 그렇습니다. 아일랜드의 비극은 하늘이 내린 자연의 재앙이 아니라 사람이 만들어 낸 재앙이었습니다. 반민주적인 식민 지배와 불평등한 사회구조가 재앙을 낳은 주범이었지요. 아일랜드 대기근은 정치의 문제이자 권력의 문제, 곧 민주주의의 문제였습니다.

이번에는 아프리카 이야기입니다. 지난 1983년부터 1985년 사이에 아프리카 대륙에 대기근이 덮쳤습니다. 그런데 한 나라는 참혹한 굶주림의 수렁으로 빠져든 반면 다른 한 나라는 전혀 그렇지 않았습니다. 앞의 나라는 에티오피아이고 뒤의 나라는 보츠와나입니다. 쿠데타로 정권을 잡은 당시 에티오피아 대통령은 독재 정치를 펼치면서 국내총생산의 거의 절반을 군사비에 쏟아부었습니다. 반면에 기근 해결과 같은 민생 문제에는 관심을 기울이지 않았습니다. 보츠와나는 민주주의 국가였습니다. 당시 보츠와나 정부는 위험에 처한 이들에게 직접 식량을 나누어 주고 대규모로 새로운 일자리를 만들어 주는 등 다각도의 노력을 기울였습니다.

아일랜드와 마찬가지로 아프리카에서도 삶과 죽음을 가른 것은 식량이 아니었습니다. 민주주의였습니다. 소수의 특정 세력이 권력을 독차지하면 대다수 국민의 생존과 안전은 내팽개쳐질 수밖에 없습니다. 사람을 살리는 것은 민주주의입니다. 이는 세계 전체를 보아도 매한가지입니다. 지금 이 지구상에는 120억 명이 먹고도 남을 양의 곡물이 생산되고 있습니다. 2018년 현재 세계 전체 인구는 75억 명이니 온 인류가 배불리 먹고도 한참이나 남을 양이지요. 하지만 잘 알다시피 세계 곳곳에서 수많은 사람이 굶주림으로 죽어 갑니다. 세계경제의 구조와 먹거리 시스템이 민주적이지 않고 정의롭지 않기 때문입니다. 그 결과 먹거리의 공정한 분배가 이루어지지 않기 때문입니다. 진짜 부족한 것은 식량이 아닙니다. 민주주의입니다.

이런 이야기들은 빈곤이나 불평등이 민주주의와 얼마나 밀접한 관계를 맺고 있는지를 잘 보여 줍니다. 민주주의는 경제와 관계없는 게 아닙니다. 정치와 경제는 한 몸입니다. 민주주의가 밥 먹여 주냐? 이렇게 비아냥거리는 사람들이 가끔 있습니다. 당신이 민주주의자라면 이렇게 대꾸해 줘야 합니다. 그렇다! 민주주의가 밥 먹여 준다! 민주주의가 밥이고 밥이 민주주의다!

⚖ '껍데기' 민주주의에서 '알맹이' 민주주의로

불평등과 양극화는 오늘날 세계적으로 가장 뜨거운 사회문제입니다. 우리 사회는 그 정도가 유독 심합니다. 최근 경제민주주의에 각별한 관심과 주목이 쏟아지는 배경입니다. 경제민주주의란 말 그대로 경제

분야에서 민주주의를 구현하고자 하
는 사상이나 제도를 말합니다. 우리가
여태껏 얘기해 온 민주주의의 정신과 가
치를 정치적 차원을 넘어 경제적 차원에서
도 이루자는 얘기지요.

경제란 한마디로 '밥'이요 '먹고사는 일'입니다.
모든 사람에게 가장 원천적이고 일차적으로 중요한
문제지요. 바로 이런 영역에서 민주주의를 제대로 실
천하자는 겁니다. 민주주의가 가르치는 바대로 자기 삶
의 진정한 주인으로 살기 위해선 일차적으로 먹고사는 문
제가 해결되어야 합니다. 굶주림에 시달리면서, 생존을 둘러
싼 공포와 불안에 짓눌리면서 삶의 존엄을 논할 순 없으니까요.
삶의 주인이 되는 데 필수적인 힘과 권력을 갖추어야 한다는 측면
에서도 이는 당연한 얘기입니다. 그래서 경제민주주의의 핵심 내용
은 사회경제적 약자를 비롯해 모든 사람에게 인간다운 생활을 보장하
는 것입니다. 즉, 사회 구성원 전체가 최소한 기본 생존권 이상은 보
장되는 생활을 누리는 동시에 특정 소수가 아닌 모두가 고루고루 잘
사는 것이 경제민주주의의 목표라고 할 수 있습니다.

이에 따라 경제민주주의는 절차적이고 형식적인 민주주의를 넘어
실질적이고 내용적인 민주주의를 지향합니다. 제도의 민주주의를 넘
어 삶의 민주주의로, '껍데기 민주주의'를 넘어 '알맹이 민주주의'로 나
아가고자 합니다. 인간이 인간답게 살 수 있는 사회경제적 조건을 마

련하자. 돈이 아닌 사람이 주인 노릇하는 세상을 만들자. 모두가 고루 잘 사는 내일을 열어 가자. 이것이 경제민주주의가 내거는 슬로건입니다.

경제민주주의의 의미는 인권 측면에서도 살펴볼 수 있습니다. 사람은 정치적 권리만으로는 온전한 삶을 꾸려 갈 수 없습니다. 정치적 권리에는 투표와 정치 참여의 자유, 표현의 자유, 사상의 자유, 언론과 출판의 자유, 집회와 시위의 자유, 결사(結社, 여러 사람이 공동의 목적을 이루려고 단체를 조직하는 것)의 자유 등이 대표적으로 포함됩니다. 그런데 이런 정치적 권리는 사회경제적 조건과 밀접한 연관을 맺고 있습니다.

사회경제적 권리란 사람들이 자신의 생존과 생활에 꼭 필요한 것들, 예컨대 노동, 주거, 교육, 의료, 문화, 환경 등과 관련하여 국가나 사회에 대해 자기 몫을 요구할 수 있는 권리를 말합니다. 모든 사람이 자기 삶을 꾸려 가는 데 필요한 기본적인 자원을 국가와 사회로부터 분배받을 수 있는 권리를 누려야 한다는 얘기지요. 그 이유는 뭘까요? 그것은 한 사회의 부는 본질적으로 사회적 성격을 띠기 때문입니다. 한 사회의 부는 특정 기업들이나 개인들이 독차지해도 되는 게 아니라 근본적으로 사회적 산물입니다. 그러므로 한 사회의 부는 구성원 모두의 것입니다. 모든 사회 구성원에게 기본적인 생존과 생활을 보장하는 것이 국가의 책무인 이유가 여기에 있습니다.

그래서 사회경제적 인권은 자유를 실질적으로 누리는 데 전제 조건이 되는 평등을 보장해 줍니다. 민주주의에 실질적 내용을 채우고, 민주주의의 완성도를 높이며, 민주주의의 지속가능성을 보장해 주는 게 사회경제적 인권이라는 얘기지요. 바로 이 때문에 정치적 인권과 사회경제적 인권은 서로 긴밀하게 맞물려 있다고 볼 수 있습니다. 여기서 우리는 새삼 인권의 개념을 되짚어 보게 됩니다. 인간답게 살 권리, 삶의 존엄과 행복을 누릴 권리가 바로 인권입니다. 여기에 반드시 필요한 것이 사회경제적 인권이고, 이것을 보장하는 것이 경제민주주의입니다.

독재가 경제성장에 유리하다고?

이쯤에서 한 가지 짚고 넘어갈 게 있습니다. 독재가 경제 발전에는 더 효율적이고 유리하다는 주장이 그것입니다. 이게 맞는 얘기일까요?

먼저 인정할 것은, 독재권력 아래서 급속한 경제성장이 이루어진 사례들이 실제로 있다는 점입니다. 우리나라가 그렇습니다. 1960~80년대 박정희, 전두환 군사독재 시절에 우리나라 경제는 눈부신 성장을 이룩했습니다. 히틀러의 나치 정권이 지배했던 1930년대 독일에서도 급속한 경제성장이 이루어졌습니다. 지금의 중국도 비슷합니다. 정치적으로는 공산당 일당 독재 체제를 유지하면서도 엄청난 경제성장을 거듭하고 있지요.

놓치지 말아야 할 것은 독재 정권 아래서 빠른 경제성장이 가능했던 이유와 배경입니다. 독재 정권은 성장을 밀어붙이기 위해 폭력적이고 일방적으로 국가의 자원과 역량을 총동원했습니다. 예산, 정책,

인력 등을 아낌없이 쏟아부었습니다. 하지만 그들이 치중한 것은 눈에 보이는 양적인 성장이었습니다. 그 과정에서 노동자, 농민, 도시 빈민을 비롯한 민중을 무자비하게 착취했습니다. 민중은 경제성장의 도구이자 희생양이었습니다.

경제성장이 낳은 긍정적인 결과를 모르지 않습니다. 하지만 민주주의의 관점에서 볼 때 독재 정권이 추진한 경제성장은 민주주의를 파괴하는 것이었습니다. 그러므로 명심해야 합니다. 가난과 불평등은 경제 '안'의 문제가 아니라 경제 '바깥'의 문제라는 사실을 말입니다. 다시 강조하거니와 가난과 불평등은 단순히 경제 문제가 아닙니다. 정치 문제이고 권력 문제입니다. 경제성장으로 만들어진 부를 어떻게 분배하고 관리하고 운용할지를 결정하는 것은 정치의 몫입니다. 자본의 탐욕, 기업의 횡포, 시장의 왜곡 등을 규제하고 바로잡는 것 또한 정치의 몫입니다.

무엇보다, 어떤 성장을 어떻게 이룰지를 결정하는 것이야말로 정치가 해야 할 아주 중요한 일입니다. 이윤 극대화가 목적인 자본과 기업에게 이런 결정을 내맡겨도 될까요? 우리가 추구해야 할 경제는 극소수만 배를 불리는 '1퍼센트의 경제'가 아니라 모두가 고루 잘사는 '99퍼센트의 경제'입니다. 정치가, 정치의 주체인 시민이 경제와 관련한 결정에 적극적으로 개입해야 할 까닭이지요. 이것이 경제민주주의입니다. 나아가 이것이 참된 민주주의를 이루는 길입니다.

가난과 불평등 문제는 경제만 잘 꾸려 나간다고 해서 해결할 수 없습니다. 정치를 바꾸고 권력을 바꾸어야 합니다. 돈이 아닌 사람이 세상의 주인이 되려면 좋은 국가와 좋은 권력과 좋은 정부를 만들어 내고, 좋은 정치를 펼쳐야 합니다. 그래야 좋은 경제를 만들어 낼 수 있습니다. 이것이 경제민주주의가 이루고자 하는 일입니다.

⚖ '좋은 노동'과 민주주의

경제민주주의에는 크게 두 가지 측면이 있습니다. 하나는 이미 얘기했습니다. 모든 사회 구성원에게 경제적으로 인간다운 생활을 보장해야 한다는 게 그것입니다. 이를 위해 부의 공정한 분배, 사회복지 강화, 대기업의 소유와 경영 구조 개혁, 이들 기업으로의 과도한 경제력 집중 해소, 정경유착과 특권·특혜 시스템 철폐, 부정부패와 비리 근절 등이 중요한 과제로 꼽히지요. 보통 경제민주주의를 얘기할 때 이 측면에 상대적으로 집중하는 경향이 있습니다. 하지만 경제민주주의는 이 차원을 넘어섭니다.

또 다른 중요한 측면이 있으니, '노동' 문제가 그것입니다. 이렇게 말하는 이유가 있습니다. 우리 모두는 노동을 하며 살아가기 때문입니다. 모든 사람은 일을 함으로써 생존과 생활을 이어 가며 자기 삶을 가꾸고 완성해 나가기 때문입니다. 흔히 말하는 자아실현이 이것이지요. 이처럼 중요한 노동에서 주체성과 자율성과 창조성을 되찾아야, 다시 말해 '좋은 노동'을 실현해야 삶의 존엄과 인생의 행복을 맛볼 수 있습니다. 경제민주주의가 해결해야 할 또 하나의 중요한 과제가 이

171

것입니다.

'좋은 노동'이란 뭘까요? 삶의 성숙을 이루고 자유와 평화를 누리게 하는 노동, 자기가 하고 싶고 잘할 수 있는 것을 하는 노동, 서로 돕고 함께 나누며 더불어 행복해지는 노동 같은 게 아닐까요? 이에 견주어 자본주의 산업사회에 널리 퍼진 노동의 거의 유일하고도 가장 큰 목적은 돈벌이입니다. 그 탓에 일하는 시간은 기쁨과 즐거움의 시간이 아닐 때가 많습니다. 많은 사람에게 노동은 마지못해 하는 것, 지겨운 것, 가능한 한 줄이거나 없애고 싶어 하는 것이 되고 말았습니다.

경제민주주의는 이런 노동을 거부합니다. 이런 노동으로 얼룩진 삶과, 이런 노동으로 굴러가는 경제를 거부합니다. 대신에 경제민주주의는 일을 함으로써 회사나 자본의 노예가 아닌 자기 삶의 주인으로 살아갈 수 있는 그런 노동을 지향합니다. 이를 통해 경제민주주의는 좁은 의미의 경제 영역을 넘어 총체적인 삶의 민주주의에 대한 기획으로 나아가게 됩니다. 노동과 삶과 경제의 아름다운 일치. 경제민주주의가 도달하고자 하는 궁극적인 경지가 이것입니다.

이런 맥락에서 최근 노동자의 경영 참여가 특별한 주목을 받고 있습니다. 기존의 주류 경제 시스템 아래서 기업을 비롯한 대다수 조직의 경영은 자본가 등 극소수 상층 계급이 독점해 왔습니다. 하지만 이제 노동자도 경영에 참여해야 한다는 목소리가 높아지고 있습니다. 유럽 여러 나라에서는 실제로 노동자의 경영 참여가 활발하게 이루어지고 있습니다. '노동이사제'라는 방식이 대표적입니다.

노동이사제란 노동자가 기업이나 어떤 기관의 이사가 되어 주요 의사 결정에 참여하는 제도를 말합니다. 노동자가 기업 경영의 어엿한 주체가 되는 거지요. 유럽연합(EU) 27개 회원국 가운데 18개 나라에서 이 제도가 시행되고 있습니다. 노동자의 경영 참여가 가장 활발하게 이루어지고 있는 나라는 독일입니다. '사회적 시장경제'를 내세우는 독일에서는 노동이사제를 '공동 결정 제도'라 부릅니다. 노동자 가운데서 뽑힌 노동이사와 주주총회에서 뽑힌 주주이사가 동수로 이사회를 구성하여 주요 안건을 공동으로 결정하기 때문에 이런 이름이 붙었지요.❶ 이에 따라 독일 기업들은 노동자의 임금이나 노동시간 등을 바꾸려면 노동자와 공동 결정 과정을 거쳐야 합니다. 독일의 이런 정책은 자본과 노동이 서로 동등한 힘과 권리를 갖는다는 것을 법으로 공인했다는 점에서 큰 의미를 지닙니다. 이렇게 해서 노동자는 기업의 부속품이나 공장의 기계가 아니라 존엄한 '인간'으로 대접받게 됩니다.

민주적인 기업이 강한 기업입니다. 노동자의 힘이 강해져야 경제가 건강하게 발전합니다. 독일은 공동 결정제로 상징되는 경제민주주의를 통해 노동자 권익 향상, 기업 민주화, 노사협력, 산업평화를 이룩할 수 있었습니다. 이런 바탕 위에서 탄탄한 경제 발전과 사회 안정을 이룰 수 있었습니다. 노동자의 삶뿐만 아니라 민주주의와 경제를 아

---

❶ 현재 직원 2000명 이상 대기업은 이사회의 절반을, 직원 500명 이상 기업은 이사회의 3분의 1을 노동자 대표가 맡고 있다. 직원 1000명 이상의 석탄회사와 철강회사는 이사회의 절반과 경영이사 중 노동 담당 이사를 노동자가 맡고 있다.

울러 살찌우는 것이 경제민주주의입니다.

경제활동이 이루어지는 대표적인 두 영역인 기업과 시장은 모두 사회에 속합니다. 사회가 먼저이고 기업과 시장이 나중입니다. 인간이 앞이고 자본이 뒤입니다. 경제와 관련한 의사 결정에 일반 시민이, 기업의 의사 결정에 노동자가 주체가 되어 참여해야 하는 까닭입니다. 이렇게 해서 일구어 가는 경제민주주의는 노동 민주주의, 일자리 민주주의, 생활 민주주의, 직장 민주주의이기도 합니다. 경제의 인간화를 이루고 경제에서도 공공성과 정의의 가치를 구현하며, 그 토대 위에서 종국에는 '좋은 노동'과 '좋은 삶'을 꽃피우고자 하는 것이 경제민주주의입니다. ❷

〰〰〰〰

❷ 민주주의는 인간의 창조성과 문화예술을 북돋운다는 점에서도 '좋은 삶'에 이바지한다. 한겨레신문의 박용현 논설위원은 어느 칼럼에서 다음과 같은 흥미로운 분석을 내놓았다. 미국의 유명 음악 잡지 〈롤링스톤〉은 몇 년 전 500대 가요를 선정한 적이 있다. 이것을 시대별로 분류하면 1960년대가 195곡(39퍼센트)으로 압도적인 다수를 차지한다. 또한 상위 10개 노래 가운데 절반이 1960년대에 나왔다. 1960년대는 미국에서 인종차별 반대를 비롯한 인권운동, 베트남전쟁 반대 등을 중심으로 한 반전평화운동, 히피 문화(기성의 제도, 문화, 가치관 등을 비판하면서 인간성 회복, 자연과의 조화, 평화로운 삶 등을 주장한 청년 문화운동 흐름) 등이 폭발적으로 터져 나온 시기였다. 억압적인 기존 체제에 대한 저항과 자유의 물결이 넘실대던 때였다. 지난 2007년 〈경향신문〉이 선정한 한국 대중음악 100대 명반을 살펴보아도 비슷한 현상을 발견할 수 있다. 10년 단위로 구분할 경우 좋은 음반이 집중적으로 쏟아진 시기는 1986~1995년이었다. 이 10년 사이에 절반인 50개 음반이 발표되었다. 우리나라 역사에서 이 시기는 시민 저항으로 오랜 군사독재를 물리치고 민주주의와 자유를 향한 열망이 활화산처럼 분출되던 때였다. 미국이든 우리나라든 이것이 우연의 일치일까? 인간의 예술적 영감과 문화적 재능은 민주주의의 열기 속에서 더욱 크게 고양되는 게 아닐까?

경제민주주의의 실험실, 협동조합

경제민주주의를 실천할 수 있는 좋은 방도 가운데 하나는 협동조합이다. 협동조합이란 경제적 약자를 비롯한 보통 사람들이 자신의 생활이나 사업 등을 개선하려고 함께 모여 만든 협력 조직을 말한다. 자발적 설립과 공동 소유, 민주적 운영, 수익의 공정한 배분 등이 주요 특성이다.

일반적인 자본주의 기업이 돈벌이를 가장 큰 목적으로 삼는 데 견주어 협동조합은 '모두가 더불어 행복해지는 것'을 중시한다. 일반 기업에서는 경쟁과 효율을 우선시하고 일의 성과를 많이 올려야 하지만, 협동조합은 서로 돕고 협동하는 것을 제일 중요한 가치로 여긴다. 일반 기업에서는 돈을 많이 투자한 사람이 주인 노릇하지만, 협동조합에서는 참여한 사람, 곧 조합원 모두가 주인이다. 그래서 조합원 모두가 똑같은 자격과 권리를 가지고 경영에 참여한다. 이런 협동조합의 의사 결정 방식을 '1인 1표주의'라 부른다. 모든 조합원이 동등하게 한 표씩의 의사 결정 권한을 가진다는 뜻이다. 사업이나 활동으로 생긴 수익을 어떻게 나누는가도 큰 차이점이다. 일반 기업에서는 자본을 많이 투자할수록, 높은 자리에 있을수록 돈을 많이 챙겨 간다. 이에 반해 협동조합은 조합원 모두가 민주적으로 합의한 원칙에 따라 수익을 공정하게 나눈다. 이처럼 협동과 연대, 호혜와 상부상조 같은 가치를 바탕으로 민주주의 방식에 따라 사업과 활동을 펼치는 게 협동조합이다.

오늘날 전 세계적으로 협동조합은 아주 활발한 움직임을 보인다. 협동조합에 가입한 전 세계 조합원 수는 10억 명으로 추산된다. 전 세계 인구의 13~14퍼센트에 이르는 수치다. 협동조합에서 직접 일하는 사람만 해도 1억 명에 이른다. 이는 내로라하는 세계적 다국적기업들이 만들어 내는 일자리를 전부 합친 것보다 20퍼센트나 많은 것이다.

구체적으로 살펴보면, 세계 최고의 프로축구 클럽 가운데 하나로 손꼽히는 스페인의 FC바르셀로나, 고급 오렌지의 대명사로 불리는 미국의 썬키스트, 세계 4대 통신사 가운데 하나인 미국의 AP통신이 모두 협동조합이다. 이탈리아 북동부 에밀리아로마냐주에서는 협동조합이 전체 경제의 3분의 1을 떠받치고 있고, 스위스에서는 전체 소매시장의 40퍼센트를 두 개의 협동조합이 장악하고 있다. 스페인 몬드라곤은 아예 수많은 협동조합이 하나의 도시를 이룬 곳이다. 260개 회사를 거느리는 이 몬드라곤 협동조합 그룹은 스페인 전체를 통틀어 매출액 9위에 이르는 거대 기업 집단을 이루고 있다. 프랑스와 네덜란드의 가장 큰 은행 또한 협동조합이다. 유럽에서 가장 큰 과일·채소 도매회사도, 이탈리아에서 가장 큰 우유 생산업체도, 덴마크 돼지고기 산업의 90퍼센트를 차지하고 있는 업체도, 뉴질랜드 경제의 두 기둥인 낙농업과 키위 산업을 도맡고 있는 것도 모두 협동조합이다. 협동조합 활동이 활발한 곳은 대체로 소득 수준이 높고, 실업률이 낮으며, 사람들의 생활 만족도가 높다는 공통점을 지닌다.

우리나라의 협동조합 움직임은 아직까지는 상당히 미흡한 편이다. 지난 2012년 말 협동조합 설립 요건을 크게 완화한 협동조합기본법이 시행된 이래 수많은 협동조합이 생겨났고 협동조합에 관한 사회적 관심과 주목이 크게 높아지고 있다. 하지만 현재 우리나라 국민의 협동조합 가입률은 2퍼센트 정도다. 협동조합으로 일단 등록

은 했어도 활동이 흐지부지되는 경우도 적지 않다. 경제민주주의가 미흡한 우리 사

회 전체의 현실과 무관치 않은 것으로 보인다.

3 추첨민주주의: 민주주의를 키우는 민주주의

추첨민주주의는 완벽하지 않습니다. 추첨은 수단일 뿐 그 자체로 완전 무결한 민주주의를 보장하는 건 아닙니다. 하지만 이제 시민 스스로 민주주의와 정치의 무대 위로 올라가 직접 노래 부르고 춤추는 주인 공이 되어야 하지 않을까요? 기존 민주주의와 정치 시스템에서는 시 민이 그저 객석에 앉아서 박수나 치고 환호나 보낼 뿐이었지만 말입 니다. 참된 자유는 정의롭고 착한 주인을 가지는 데 있는 게 아니라 어 떤 주인도 가지지 않을 때 누릴 수 있습니다.

그때는 시민이 곧 정부였단다

민주주의는 이미 까마아득한 옛날에도 펼쳐진 적이 있습니다. 무대는 2500년 전 고대 그리스 도시국가 아테네입니다. 그때 이야기를 꺼내는 이유는 거기에 오늘날에도 새겨들어야 할 교훈과 시사점들이 적잖게 담겨 있기 때문입니다. 핵심은 추첨, 곧 제비뽑기를 통한 직접민주주의의 실천입니다. 이를 일컬어 추첨민주주의라 하지요. 그때 그곳에서는 무슨 일이 있었던 걸까요?

당시 아테네에서 정치의 주체는 '시민'이었습니다. 특정 개인이나 소수 엘리트가 아니었습니다. 물론 당시의 시대적 한계 탓에 시민 자격을 얻은 사람은 30세 이상 성인 남성으로 국한되긴 했습니다. 이런 자유시민은 3만~6만 명 정도로, 아테네 전체 성인 인구의 20퍼센트 안팎이었다지요. 반면에 30만 명이 넘는 여성, 노예, 외국인 등은 시민에서 배제되었습니다. 또한 고대 아테네의 사회경제 시스템은 노예제를 기반으로 하고 있었습니다.

이에서 보듯 당시 아테네 정치는 중대한 한계를 안고 있었습니다. 오늘날의 관점을 따르자면, 아테네 시민들이 아무리 훌륭한 민주주의를 실천했다고 한들 노예제가 시행되고 인류의 절반인 여성이 아무런 정치적 권리를 누리지 못하는 걸 두고서 민주주의 운운하는 건 말도 안 되는 얘기지요. 아테네 민주주의에 관한 이야기는 이 점을 분명히 전제합니다.

어쨌든, 아테네 민주주의에서 가장 높은 평가를 받는 것은, 시민이라면 누구나 공공선을 실현하는 정치적 의사 결정에 자율적으로 참여했다는 점입니다. 아테네 민주주의에서 시민의 공적인 정치 참여는 일상적 행위였습니다. 아테네에서 어떤 정치적 합의나 결정을 이끌어 낸 것은 다수결의 힘이 아니었습니다. 재산도 아니었고, 특정 개인의 위세나 영향력도 아니었습니다. 시민 누구나 참여할 수 있는 자유로운 토론이 그 절차였고, 어떤 주장과 논리가 공공선을 이루는 데 더 걸맞은지가 판단 기준이었습니다. 공적인 정치 참여를 하면서 살아야 사유를 누리고 자기 정체성을 찾을 수 있다고 여긴 게 아테네 시민들이었습니다.❶

이런 상황에서 태어난 것이 추첨을 바탕으로 하는 아테네 직접민주주의입니다. 아테네 민주주의의 뼈대를 이루는 핵심기관으로는 민회, 평의회, 민중법정, 행정관 등이 있었습니다.

민회는 약 6000명에 이르는 시민들이 1년에 40번도 넘게 자발적으로 모여 나라의 중요한 일들을 심의하고 결정했던 아테네 민주주의의 심장입니다. 500명의 시민으로 구성되는 평의회에서는 법안 작성, 민회 모임 준비, 공공사업과 행정 관리 등과 같은 업무를 처리했습니다. 한데 이 500명을 뽑는 방식은 선거가 아니었습니다. 추첨이었습니다. 임기는 1년이었고요. 민중법정은 법령에 따른 판결, 공직에 오를 시

❶ 'idiot'는 바보, 멍청이 등을 뜻하는 영어 단어다. 이 말의 어원은 '이디오테스(idiotes)'라는 고대 그리스 말이다. '공적인 일엔 관심 없이 사적인 일에만 몰두하는 사람'을 가리킨다. 같은 어원을 공유하는 '이디오테이아(idioteia)'라는 그리스 말도 비슷하다. 여기엔 '어리석음'이라는 뜻과 '사적인 삶'이라는 뜻이 동시에 담겨 있다. 요컨대, 옛날 아테네 시민들은 사적인 삶에 빠져 공적인 삶을 망각하거나 도외시하는 이를 어리석은 사람으로 여겼다. 그들은 공적 관심과 참여를 으뜸가는 '시민 덕성'으로 여겼다.

민의 자격 심사, 공직 업무와 회계에 대한 감사(監査, 감독하고 검사하는 일) 등과 같은 일을 하는 곳이었습니다. 여기서도 배심원(특별한 법률 전문가가 아닌 일반 시민 가운데 선출되어 재판에 참여하여 판단을 내리는 사람) 구실을 하는 사람들을 추첨으로 뽑았습니다. 여러 가지 행정 업무를 처리하고 정책이나 법을 집행하는 행정관도 다르지 않습니다. 700개의 관직 가운데 대다수인 600명 정도를 추첨으로 뽑았습니다. 군사나 재정 분야 등과 같이 높은 전문성이 요구되는 100명 정도만 민회에서 선거로 뽑았지요. 이들 또한 임기는 1년이었습니다. 아울러 이렇게 추첨으로 선출된 공직자들에게는 수당을 지급했습니다. 그래야 가난한 사람들도 생계 걱정에서 벗어나 부담 없이 공적인 일에 참여할 수 있으니까요.

한마디로 입법부, 행정부, 사법부를 비롯해 나라를 이끄는 중추기관의 핵심 종사자들, 지금 우리로 치면 국회의원, 행정관료, 법관 등을 모두 제비뽑기로 정한 게 아테네 민주주의였습니다. 덕분에 아테네의 모든 시민은 어떤 공직이든 자기가 원하기만 하면 어렵잖게 참여해 일할 수 있었습니다. 추첨에서 뽑히기만 하면 되니까요. 관련 자료에 따르면, 전체 시민 가운데 50~70퍼센트가 적어도 한 번 넘게 평의회에서 일한 것으로 추정됩니다.

아테네 사람들은 왜 이런 시스템을 만들었을까요? 그것은 선거로 공직자를 뽑으면 재산이 많거나 신분이 높은 특정 계층이 권력을 독차지하리라는 사실을 잘 알고 있었기 때문입니다. 그들에게 정치란, 특별한 능력과 자격을 갖춘 소수 전문가나 엘리트가 다른 사람들을 통치하는 게 아니었습니다. 그들에게 민주주의는 권리이자 의무였고,

무엇보다 삶 자체였습니다. 그래서 아테네 시민들은 생업에 종사하며 세금을 내는 생활인, 자기들의 공동체를 지키는 군인, 행정과 입법과 재판에 참여하는 공직자 등과 같은 여러 역할을 서로서로 돌아가며 맡았습니다. 이처럼 인류가 처음으로 선보인 민주주의는 '평범한 모든 사람에 대한 믿음'을 바탕으로 하고 있었습니다.

아테네 시민들은 자기들 스스로를 다스린다고 여겼습니다. 고대 아테네에서는 시민이 곧 정부였습니다. 다시 말해 시민이 곧 정치와 권력의 주체였습니다. 정부가 만든 정책과 법은 곧 시민이 만든 것이었지요. 아리스토텔레스는 이처럼 통치와 복종을 번갈아 하는 것을 시민의 덕으로 높이 평가했습니다. "훌륭한 시민은 자유민답게 지배할 줄도 알고 자유민답게 복종할 줄도 알아야 한다. 바로 이런 것이 시민의 미덕이다."❷

이렇게 시민들 각자가 통치와 복종을 번갈아 하면 어떤 효과가 있을까요? 누구든 자기가 통치를 할 때 늘 통치받는 자의 입장에서 생각하고 일 처리도 그렇게 하지 않을까요? 그러고 보면 아테네 민주주의가 사회 전반의 공공선과 정의를 이루는 데 크게 이바지했으리라는 건 어렵잖게 짐작할 수 있습니다.

---

❷ 이와 관련해 철학자 고병권은 《민주주의란 무엇인가》에서 민주주의의 주체인 '데모스'를 이렇게 설명했다. 데모스가 스스로를 다스리는 것이 민주주의이므로 민주주의에서 데모스는 다스리는 사람들인 동시에 다스림을 받는 사람들이다. 이들이 지켜야 할 규범이나 법, 이들이 따라야 할 권력은 자기 스스로 만든 것이다. 이들은 다른 사람이 아닌 자기들이 만든 권력이나 법에 복종하는 것이므로 그 복종은 자기들의 자유에서 비롯한 것이다. 결국, 민주주의란 다스리는 자와 다스림을 받는 자, 자유와 복종처럼 서로 반대되고 충돌하는 것들이 하나의 존재에 뒤섞여 버무려져 있다는 점에서 아주 역설적인 성격을 띠고 있다.

통치자 = 피통치자

아테네 이야기가 낯설게 들리나요? 하지만 아테네 민주주의는 오래도록 민주주의에 새로운 영감과 아이디어를 제공해 왔습니다. 특히 최근 들어 추첨민주주의는 기존의 병든 민주주의에 새로운 가능성과 활력을 불어넣어 줄 대안의 하나로 주목받고 있습니다.

사실은 현재 우리나라에서도 추첨민주주의를 시행하고 있습니다. 비록 수준과 영역이 한정돼 있긴 하지만 말입니다. 무슨 말이냐고요? 우리나라에서 2008년 1월부터 시행하고 있는 국민참여 재판제도가 바로 추첨민주주의의 한 형태입니다. 이 제도에 따라 우리나라에서는 스무 살 이상 국민 가운데 아무나 선발해 배심원을 맡깁니다. 이렇게 구성된 배심원단이 형사재판에 직접 참여해 피고인에게 죄가 있는지, 죄가 있다면 어떤 벌을 얼마나 내릴지를 정합니다. 재판부는 배심원단의 이런 결정을 참고해 판결을 내립니다. 우리나라는 재판부가 참고만 하지만, 미국 사법제도에서는 재판부가 배심원단의 유무죄 결정을 반드시 따라야 합니다. 평범한 시민 가운데 무작위 추첨으로 뽑힌 배심원이 수많은 사람의 운명을 결정하는 셈이지요. 이처럼 추첨민주주의는 마냥 낯설기만 한 것이 아닙니다. 게다가 국민참여 재판은 갈수록 늘어나고 있습니다.

추첨민주주의가 민주주의의 대안으로 꼽히는 이유는 뭘까요? 그것은 추첨민주주의가 민주주의의 이상과 본질에 잘 들어맞기 때문입니다. 아테네 민주주의가 보여 주듯이 추첨민주주의에서는 모두가 번갈

3. 추첨민주주의: 민주주의를 키우는 민주주의

아 가면서 통치자와 피통치자가 됩니다. 공직을 맡아 사회에 봉사하고자 하는 사람이라면 누구나 동등하게 그럴 기회를 가집니다. 한마디로, 민주주의의 근본 전제인 '다수 대중의 자기 지배'를 이룰 수 있는 길이 열려 있습니다.❸

　추첨민주주의가 직접민주주의와 대의민주주의의 성격을 동시에 지닌다는 점도 흥미로운 대목입니다. 공직에 참여하는 이들은 추첨으로 뽑힌 사람들이고 이들은 나머지 사람들을 대표하고 대의합니다. 그러므로 추첨민주주의는 대의민주주의의 성격을 지닙니다. 하지만 동시

에 이들 대표자는 선거라는 간접적 선발 방식이 아니라 일반 시민들 가운데 누구나 추첨을 통해 '직접' 선발됩니다. 그러므로 직접민주주의의 성격 또한 지닙니다. 결국 추첨민주주의는 직접민주주의와 간접민주주의의 혼합체라고 할 수 있습니다. 고대 아테네의 추첨민주주의도 혼합 민주주의임은 마찬가지입니다. 종종 직접민주주의라 불리긴하지만 말입니다.

열성적인 추첨민주주의 주창자 가운데 한 사람인 이지문 한국청렴운동본부 본부장은 추첨민주주의의 의미와 효과를 다음의 몇 가지로 요약합니다.

첫째, 평등을 높입니다. 그럼으로써 추첨민주주의는 사회 통합에도 이바지합니다. 둘째, 자유도 키웁니다. 추첨민주주의에서는 누구나 대표자, 곧 통치의 주체가 될 수 있습니다. 대의민주주의가 제공하는 소극적 자유를 넘어 '자기 지배'의 적극적 자유를 누릴 수 있다는 얘기지요. 셋째, 선거 시스템이 안고 있는 '대표성' 문제를 해결하면서 공적 가치를 실현하는 데 도움이 됩니다. 모든 시민이 추첨 표본에 해당하므로 예컨대 추첨으로 뽑힌 사람들이 모인 의회는 국민 전체의 정확한 압축판 또는 축소판이라고 할 수 있습니다. 사회 전체가 그대로

❸ 추첨민주주의의 이런 특성은 프랑스의 계몽주의 사상가 몽테스키외의 다음과 같은 발언에서도 확인할 수 있다. "추첨에 따른 선발은 민주정의 특성이고, 선거에 따른 선발은 귀족정의 특성이다. 추첨은 아무에게도 상처를 주지 않는 방식으로서, 시민 각자에게 조국을 위해 봉사할 기회를 얻을 수 있으리라는 희망을 준다. 추첨은 민주주의자들이 다른 어떤 것보다 소중히 여긴 원칙 즉 평등과 일치한다."

반영되는, 상징적 대표성이 아닌 실질적 대표성이라고 할 수 있지요. 그 결과 공동체 전체의 이익과 관심사를 더 잘 반영하여 공공성을 이루게 해 줍니다. 넷째, 합리성에 걸맞습니다. 모든 시민에게 추첨으로 선출될 가능성이 똑같은 확률로 주어지므로 누구나 동등한 기회를 누릴 수 있는 합리적 정치 시스템이라고 할 수 있습니다. 다섯째, 시민 덕성을 키우는 데 제격입니다. 우선은 참여 기회가 실질적으로 늘어납니다. 또한 모든 사람이 자신도 대표자가 될 가능성이 있으므로 평소에도 정치와 사회문제 등을 비롯해 공동체 전체의 일에 관심을 가지게 됩니다. 즉, 공적 사안에 관한 일상적인 학습과 토론은 물론 능동적인 정치 참여를 촉진하는 자극제 구실을 할 수 있는 게 추첨민주주의입니다.

⚖️ 추첨민주주의를 둘러싼 논쟁

추첨민주주의에 관해 '좋은' 얘기만 늘어놓으니 뭔가 미심쩍은가요? 추첨민주주의를 불신하고 반대하는 사람들은 어떤 비판을 내놓을까요?

가장 큰 반론은 선거가 아닌 추첨으로 선발된 사람들은 무능하리라는 것입니다. 특별한 전문지식이나 경험도 없는 데다 맨날 먹고살기 바쁜 보통 사람들이 나랏일을 감당할 능력을 갖추고 있느냐는 거지요. 이 문제에 대해선 앞에서도 비중 있게 다루었습니다. 여기선 앞에서 한 얘기와 가능한 한 겹치지 않도록 새로운 내용을 중심으로 다시

한 번 살펴보겠습니다.

먼저 확인해 둘 게 있습니다. 추첨민주주의 반대자들의 주장은 과거에 여성, 노동자, 농민 등에게 투표권을 줘선 안 된다면서 내세웠던 논리와 아주 비슷하다는 점이 그것입니다. 당시에도 지식이나 판단력이 떨어지는 '무식한' 민중들에게 투표권을 주면 나라가 엉망이 될 거라는 억지 주장이 난무했었지요. 하지만 이것은 두말할 필요도 없이 민주주의에 대한 모독입니다. 현명한 결정에는 다양성이 큰 도움이 된다는 사실도 되새겨 봐야 할 대목입니다. 선거로 뽑히는 소수 엘리트는 배타적이고 동질적인 집단을 이루기 쉽고, 때문에 획일성의 함정에 빠지기 쉽습니다. 이에 견주어 추첨으로 뽑히는 다수의 일반 시민은 다양성을 갖춘 열린 집단이라고 할 수 있습니다.

또 한 가지 짚어 볼 것은 전문가를 어떻게 볼 것인가 하는 문제입니다. 요즘은 전문가에 대한 맹신을 반성하는 목소리가 높아지고 있습니다. 정치 등 공적인 일을 수행할 때 전문 지식이나 경험은 물론 필요합니다. 하지만 무엇보다 필요한 것은 '삶의 지혜'나 '균형 잡힌 현실 감각' 같은 게 아닐까 싶습니다. 보통 사람들의 삶에 대한 깊은 이해, 소통과 공감 능력, 시민적 상식과 생활 감수성 등이 중요하다는 얘기지요. 선거로 뽑히는 특권 엘리트들은 보통 사람들의 삶과 이들이 겪는 일상의 애환을 잘 모를 때가 많습니다. 이에 반해 일반 시민은 삶과 생활의 전문가입니다.

사실, 요즘 많은 전문가는 자기 전공 분야를 깊이 알긴 하지만 그 폭은 좁습니다. 그래서 '전체 틀'과 '큰 흐름'을 읽어 낼 줄 아는 안목은

187

모자랄 때가 많습니다. 전문가는 또한 자기 분야의 지배적인 관점이나 논리 같은 것에 길들기 쉽습니다. 그래서 그것과는 다른 이야기는 잘 모르거나 소홀히 여길 위험성이 큽니다. 전문가는 소중하고 필요합니다. 하지만 중대한 결정을 전문가에게만 맡기고자 하는 '전문가주의'는 경계해야 합니다. 물론 엘리트주의에 대한 비판이 반(反)지성주의 같은 쪽으로 흘러가선 안 되겠지요. 문제의 핵심은 전문가나 전문적인 지식 자제가 아니라 그것이 활용되는 방식입니다.

만약 추첨으로 뽑힌 일반 시민에게 전문적인 능력이 요구된다면 그것은 다양한 방법으로 채워질 수 있습니다. 사실 선거로 뽑힌 국회의원들도 혼자서 일 처리를 하는 게 아닙니다. 직접 거느리는 다수의 보좌진을 비롯해 국회 전체 차원에서 제공하는 방대한 인력과 예산 지원의 도움을 받지요. 추첨으로 뽑힌 사람들도 마찬가지입니다. 인력, 행정, 예산 등 모든 측면에서 도움을 받으면 됩니다. 숙의민주주의 이야기가 보여 주듯이 어떤 사안에 대해 학습하고 토론하고 심사숙고할 수 있는 조건이 갖추어진다면 대다수 시민은 누구나 자신에게 주어진 역할을 너끈히 해낼 수 있습니다. 이것은 수많은 실제 사례를 통해 증명되고 있는 사실입니다.

비판자들은 아무런 노력 없이 추첨으로 뽑힌 사람들은 책임감이 부족하지 않을까, 라는 의문도 제기합니다. 하지만 이 또한 근거가 약하기는 마찬가지입니다. 앞에서 2017년에 우리 사회에서 진행된 공론조사 활동을 소개한 바 있습니다. 놀라운 것은 당시 참여 시민들이 보여 준 진지한 열정과 책임감입니다. 2박 3일에 걸쳐 진행된 마지막 종합 합숙 토론에 전체 478명 가운데 471명이 참여해 98.5퍼센트의 참석률을 기록했습니다. 세계 공론조사 역사상 유례가 없는 일이지요. 사전 오리엔테이션 참석률도 95.6퍼센트에 이르렀습니다. 뿐만이 아닙니다. 설문조사를 할 때, 원전 공사 재개나 중단에 따른 보완 조치를 물으면서 주어진 선택 항목 외에 추가로 필요하다고 생각되는 조치를 직접 서술하도록 하는 개방형 질문을 추가했는데, 참여 시민들 대다수가 아주 꼼꼼히 빈칸을 가득 채웠다고 합니다.

그래서겠지요. 한 참여 시민은 언론 인터뷰에서 이렇게 말했습니다. "마지막 날 질의응답 시간에 잠시 큰 소리가 오가기도 했으나 혼란을 진정시킨 건 사회자가 아니라 그곳에 모인 시민참여단이었다. 본인 의견과 다른 결론이 나더라도 수용할 수 있느냐는 질문에 자신 있게 '예'라고 대답할 것이다." 나라의 중대한 일을 자기 손으로 직접 결정한 이들의 마음에는 시민 주권자로서의 높은 자긍심과 책임의식이 담겨 있었습니다.

이런 일은 우리나라에서만 일어나는 게 아닙니다. 예컨대, 캐나다 브리티시컬럼비아주에서 지난 2004년에 선거제도 개혁을 위한 작업을 일반 시민 가운데 추첨으로 뽑힌 사람들로 구성된 시민총회에서 진행한 적이 있습니다. 선거구마다 남녀 각 한 명씩 추첨으로 뽑아 시민총회를 구성한 뒤 약 11개월이라는 긴 기간에 걸쳐 활동을 펼쳤지요. 이때도 참여 시민들의 회의 출석률은 빠짐없이 95퍼센트를 넘었고, 활동을 도중에 그만둔 사람은 전체 161명 가운데 단 한 사람뿐이었습니다.

3. 추첨민주주의: 민주주의를 키우는 민주주의

평범한 일반 시민이 중요한 사회 문제를 제대로 다룰 수 있겠느냐고요? 그들이 신중하고도 책임 있는 공적 결정을 내릴 수 있겠느냐고요? 나라 안팎의 여러 사례들은 이런 의문에 대한 충분한 답을 내놓고 있습니다.❹

⚖️ 대학 입학도 추첨으로?

남는 질문은 이것입니다. 추첨민주주의가 무엇이며 왜 좋은지는 알겠는데, 그렇다면 그것을 어떻게 실행할 것인가?

먼저 얘기해 둘 것은, 추첨민주주의를 하자고 해서 그것이 선거를 없애자는 주장은 전혀 아니라는 점입니다. 모든 공직을 추첨으로만 뽑는 건 가능하지도, 바람직하지도 않습니다. 그것은 공상에 지나지 않습니다. 특히 단 한 명뿐인 데다 막강한 권한을 행사하는 대통령을 추첨으로 뽑는다는 건 말도 안 되는 얘기지요. 만에 하나 능력이나 도덕성이 형편없는 사람이 추첨으로 뽑힌다면 큰일이 날 테니까요.

그래서 나온 것이 이른바 '이중 대표 시스템'입니다. 선거와 추첨을 적절히 섞어서 병행하는 새로운 정치적 틀을 구상해야 한다는 얘기지요. 예를 들면 의회 구성에도 이 원칙을 적용할 수 있습니다. 의회는 구성 방식에 따라 크게 양원제와 단원제(또는 일원제)로 나뉩니다. 단원제는 하나의 의회로 구성되고, 양원제는 상원과 하원처럼 두 개의 의회로 구성됩니다. 양원제에서 두 의회의 위상, 권한, 기능 등은 나라마다 서로 다릅니다. 우리나라는 단원제를 채택하고 있는데 미국, 영국, 프랑스, 이탈리아, 일본 등 적지 않은 나라가 양원제를 채택하고 있습니다.

의회를 구성하는 방식이 이처럼 다양하기 때문에 의회의 일부는 선거로, 또 다른 일부는 추첨으로 구성할 수 있습니다. 만약 양원제 의회를 채택한다면 둘 가운데 한 군데를 추첨으로 구성할 수 있겠지요. 나아가, 상원과 하원이 아닌 추첨으로 구성되는 '제3의 원'을 창설하자, 추첨으로 선발된 별도의 '시민의회'를 만들어 여기에 적절한 권능과 역할을 부여하자, 권력 분립 원칙에 따라 행정부-입법부-사법부로 이루어지는 기존의 전통적인 3부 외에 추첨으로 구성되는 '제4부'를 따로 만들자, 등과 같은 다채로운 제안들이 분출하고 있습니다.

이 밖에도 추첨민주주의를 적용할 수 있는 경우는 아주 많습니다. 연구자들이 제시하는 아이디어 가운데 몇 가지를 소개하면 이런 것들입니다. 마을 차원에서는 각 동 주민자치위원회 위원을 주민들 사이에서 추첨으로 뽑을 수 있습니다. 시나 구 단위 지방자치단체에서

❹ 이것은 우리나라의 국민참여 재판제도에서도 확인되는 사실이다. 대법원이 이 제도를 시행한 지 2주년을 맞아 내놓은 분석 자료를 보면 배심원 평결과 재판부 판결 결과가 90퍼센트 이상이나 일치했다. 일반 시민들의 판단과 전문적인 법관의 결정 사이에 별다른 차이가 없었다는 얘기다. 게다가 배심원이 참여한 재판의 항소심에서 원심 파기율은 27.9퍼센트로, 같은 기간 일반 재판의 파기율 41.5퍼센트보다 오히려 상당히 더 낮았다. 그러니까, 상급 고등법원이 하급 지방법원의 판결이 잘못됐다고 판단한 비율을 조사해 봤더니 국민참여 재판이 일반 재판보다 되레 더 낮더라는 것이다. 이는, 평범한 시민들로 구성된 배심원단의 판단이 최고 법률 전문가인 법관들의 판단보다 더 정확하다는 것을 보여 준다. 선거로 뽑힌 엘리트 대표가 추첨으로 뽑힌 일반 시민보다 능력, 지혜, 도덕성, 책임감 등 어떤 측면에서도 더 우월하다는 증거는 어디에도 없다. 이것은 이론적으로도 그러하고 실제로도 그러하다.

는 일반 주민이 자치단체 예산 편성에 참여하는 이른바 주민참여예산위원회를 비롯해 다양한 시민위원회 조직을 추첨으로 구성할 수 있습니다. 학교에도 도입할 수 있습니다. 초등학교, 중학교, 고등학교 가릴 것 없이 학급 임원을 뽑을 때 추첨 방식을 시도해 보면 어떨까요? 임기는 일주일 정도로 해서 모든 친구가 돌아가면서 한 번씩 반장을 맡아 보는 거지요. 재밌고도 유익한 실험이 되지 않을까요? 정당과 노동조합의 경우 대의원 중 절반 정도를 추첨으로 선성하는 것도 고려해 볼 만합니다. 주요 업무를 수행하는 집행부 임원은 선거로 뽑더라도 말입니다.

중앙정부 차원에서 추첨으로 선발된 시민들이 정책을 세우거나 갈등을 해결하는 일에 참여할 수도 있습니다. 의회의 경우도 더욱 다양한 추첨제 도입을 검토해 볼 만합니다. 예를 들어 추첨으로 뽑힌 일반 시민들로 자문위원회 같은 걸 구성해서 여기에 특정한 법안의 심의와 결정을 맡길 수 있습니다. 사실 국회의원들의 이해관계가 걸린 사안을 국회의원에게 직접 맡기면 제대로 처리하지 못할 때가 많습니다. 선거제도, 선거구, 의원 정수, 정치자금법 등과 관련된 일들이 대표적이지요. 이런 사안은 정당이나 정치인과 직접적인 이해관계가 없는 일반 시민의 손에 맡겨야 가장 공정하고 합리적이고 현명한 결론을 낼 수 있지 않을까요?❺

심지어는 대학 신입생을 추첨으로 뽑는 곳도 있습니다. 네덜란드 의대가 그렇습니다. 우리나라처럼 네덜란드에서도 의대는 인기가 높습니다. 그래서 입학 경쟁이 아주 뜨겁습니다. 그런데도, 아니 어쩌면 그렇기 때문에, 시험을 통한 성적순이 아니라 무작위 제비뽑기로 신입생을 뽑습니다. 교육의 기회 평등을 보장하는 것이 중요하고 이를 이루어 주는 수단이 추첨제라고 믿기 때문입니다. 즉, 의사가 되고 싶어 하는 학생이라면 누구나 의학 교육을 받을 권리를 동등하게 누려야 한다는 거지요. 사실 시험 점수가 높다고 해서 나중에 좋은 의사가 되리라는 보장은 어디에도 없습니다. 추첨을 통한 의대 입학. 헛된 몽상일 뿐일까요?

물론 추첨민주주의는 완벽하지 않습니다. 추첨은 수단일 뿐 그 자체로 완전무결한 민주주의를 보장하는 건 아닙니다. 하지만 이제 시민 스스로 민주주의와 정치의 무대 위로 올라가 직접 노래 부르고 춤추는 주인공이 되어야 하지 않을까요? 기존 민주주의와 정치 시스템에서는 시민이 그저 객석에 앉아서 박수나 치고 환호나 보낼 뿐이었지만 말입니다. 참된 자유는 정의롭고 착한 주인을 가지는 데 있는 게 아니라 어떤 주인도 가지지 않을 때 누릴 수 있습니다. 이것이 민주주의의 참뜻이자 추첨의 정신입니다. 추첨민주주의는 민주주의의 끊임없는 민주화를 다그칠 수 있습니다. 추첨이라는 새로운 형식이 민주주의의 내용적 혁신을 이끌어 낼 수 있습니다.

---

❺ 이쯤에서 이런 궁금증이 생길 법도 하다. 추첨으로 뽑혀 공직을 맡거나 어떤 일에 참여한 시민들은 대가를 받을까? 받는다면 얼마나 받을까? 아무리 사회적인 의미와 보람을 느끼는 일이라 하더라도 아무런 대가가 없다면 참여 폭이 줄어들 수 있다. 참여자에게 일방적으로 자발적인 희생과 헌신만을 요구하는 방식은 현명하지 못하다. 그래서 추첨민주주의 주장자들은 시민 참여자들에게 현금 지급을 비롯해 충분한 보상 또는 보수를 제공해야 한다고 강조한다. 물론 그 수준이나 형태는 활동에 소요된 시간, 활동 방식과 내용 등에 따라 아주 다양할 것이다. 중요한 것은 '선한 의도'나 '착한 마음'만으로는 어떤 일의 지속적인 성공을 보장하기 어렵다는 점이다. 본문에서 언급한 공론조사 참여 시민에게는 1인당 사례비 85만 원과 교통비·숙박비가 실비로 별도 지급됐다.

4 생태민주주의: 인간과 자연이 함께 사는 길

생태적 사유에 따르면 인간은 자연의 일부입니다. 모든 것은 서로 연결돼 있습니다. 인간과 인간 이외 생명체는 모두 지구 공동체의 동료 구성원입니다. 때문에 생태민주주의는 인간과 자연 사이의 공감과 소통을 촉구합니다. 그 토대 위에서 인간과 자연이 조화로운 공생의 관계를 맺어야 하며, 이렇게 해야만 인류의 지속가능한 생존과 번영이 가능하다고 강조합니다. 제도와 시스템의 변화를 넘어 인간에 대한 근원적인 성찰과 삶의 전환을 촉구합니다.

법정에 선 도롱뇽

사람이 아닌 동물이 재판 당사자가 될 수 있을까요?

지난 2003년 10월 우리나라에서 희한한 소송 사건이 벌어졌습니다. 경상남도 천성산에서 살아가는 꼬리치레도롱뇽들이 이 산을 꿰뚫고 지나는 경부 고속철도 건설 공사를 중단하라는 소송을 법원에 낸 것입니다. 물론 도롱뇽 스스로 이런 일을 할 순 없으니 '도롱뇽의 친구들'이라는 이름 아래 모인 사람들이 대신 나서서 한 일이긴 합니다. 꼬리치레도롱뇽은 아주 깨끗하고 생태적으로 건강한 곳에서만 사는 희귀 생물종입니다. 그만큼 보존 가치가 높았기에 고속철도 공사로 서식지가 파괴될 위험에 처하자 이런 소송에 이른 거지요.

이 소식이 알려지자 많은 사람이 낯설어하기도 하고 어이없어하기도 했습니다. 하지만 알고 보면 세계적으로 동물을 비롯한 자연물이 소송을 제기한 사례는 상당히 많습니다. 게다가 그 가운데에는 자연물이 소송에서 이긴 경우도 적지 않습니다.

예컨대, 오래전에 일본에서는 홋카이도의 다이에스산 인근 주민과 환경단체가 터널 공사를 막기 위해 이 산에 서식하는 토끼를 원고(소송을 낸 쪽, 반대로 소송을 당한 쪽은 피고라 함)로 하여 소송을 제기한 적이 있습니다. 재판은 무려 30년을 끌었는데, 결국 1999년 토끼의 승리로 최종 판결이 내려졌습니다. 터널 공사를 강행하면 주변 지역의 온도가 올라가 토끼의 생존을 위협할 거라는 주장이 받아들여진 겁니다. 미국에서도 동물을 비롯한 자연물의 법적 권리를 인정하는 판결

4. 생태민주주의: 인간과 자연이 함께 사는 길

이 자주 나왔습니다. 대개 동물의 생존을 위해 무분별한 개발 공사나 벌목 등을 중단하라는 게 판결 내용이었지요.

　성인이 아닌 어린이나 청소년이 환경 소송을 제기해 이기는 일도 외국에서는 종종 벌어집니다. 이를테면 필리핀에서는 1990년 40여 명의 어린이가 원고로 참여한 열대림 벌목 금지 소송에서 어린이들이 이겼습니다. 1993년 법원은 '미래세대의 환경권'을 인정하면서 어린이들 손을 들어 주었고, 이에 따라 필리핀 정부는 벌목 허가를 취소할 수밖에 없었지요. 미국에서는 최근 여러 주의 청소년들이 연방정부에 대해 기후변화 대응이 너무 미흡하다며 잇따라 소송을 제기하고 있습니다. 여기서도 미국 청소년들은 계속 이기고 있습니다. 네덜란드에서도 청소년이 중심이 된 900여 명의 시민이 정부를 상대로 환경보전과 관련한 소송을 내 이긴 적이 있습니다.

하지만 우리나라에서는 이런 일이 딴 세상 이야기입니다. 사실 도롱뇽 소송 이전에도 우리나라에서 환경단체 주도로 자연물이나 어린이가 주인공으로 참여한 소송 사건이 벌어진 적이 있습니다. 1998년 낙동강 재두루미를 원고로 한 소송과, 2000년 서해안의 새만금 갯벌 간척 사업을 막으려고 어린이들이 원고로 나선 이른바 '미래세대 소송'이 대표적이지요. 하지만 두 경우 모두 '원고 부적격' 판결이 나고 말았습니다. 동물이나 어린이는 원고가 되어 소송을 제기할 법적 자격이 없다고 판결했다는 뜻입니다. 처음부터 싸울 자격 자체를 인정해 주지 않으니 제대로 싸워 보지도 못하고 진 셈이지요.

도롱뇽 소송은 어떻게 됐냐고요? 도롱뇽도 졌습니다. 또다시 원고 부적격 판결이 내려졌지요. 그래서 결국 공사는 강행됐고, 2010년에 천성산을 관통하는 터널이 뚫리고 말았습니다. '말 못하는 자연'이, 도롱뇽이나 나무 같은 동식물이 인간의 법정에 서서 자신의 권리를 인정해 달라고 요구하는 게 말도 안 되는 우스꽝스러운 일일까요? '자연의 권리'를 주장하는 것이 하찮은 도롱뇽 몇 마리 살리겠다고 인간의 이익을 포기하고 국가 경제의 손실을 감수하는 어리석은 일일까요?

자연과 미래세대는 누가 대변하나

세상은 빠르게 변하고 있습니다. 우리나라는 자연물이 재판 자격도 얻지 못하고 있지만 자연의 권리를 헌법에 명시하는 나라들도 있습니

4. 생태민주주의: 인간과 자연이 함께 사는 길

다. 독일은 2002년 헌법에 동물 보호를 국가의 책임이라고 규정했습니다. 더 일찍이 스위스는 1992년에 '동물의 존엄성'을 헌법에 명시했습니다. 남미의 에콰도르는 2008년 헌법에 자연의 생물이 영구적으로 생존하고 번식하고 진화할 권리를 가진다고 못 박았습니다. 나아가, 국가가 이에 따른 의무를 수행하지 않으면 해당 생물을 대리하여 시민이 소송을 제기할 수 있도록 했습니다. 볼리비아에서는 2011년 자연을 법적 권리의 주체로 인정하는 '어머니 지구법'을 새롭게 제정했습니다. 인간과 자연 사이의 관계를 생태주의 관점에서 급진적으로 재구성하는 내용을 담은 것으로 유명하지요.❶

기후변화를 비롯해 지구 환경 위기가 갈수록 깊어 가는 현실과 맞물린 이런 변화의 흐름은 민주주의에도 영향을 미치고 있습니다. 환경 위기에 정치가 현명하고도 민감하게 대응해야 한다는 요구가 부쩍 높아지고 있는 거지요.

환경문제와 정치는 어떤 관계를 맺고 있는가? 환경 위기에 민주주의는 어떻게 대응해야 하는가? 환경 위기를 해결할 수 있는 새로운

❶ '어머니 지구법'은 자연의 권리를 11개 항목으로 규정하고 있다. △존재하고 생존할 권리, △인간의 변형으로부터 자유로운 상태에서 진화하고 생명 순환을 지속할 권리, △깨끗한 물과 청정한 공기의 권리, △평형을 유지할 권리, △오염되지 않을 권리, △유전자나 세포가 조작되지 않을 권리, △지역 공동체와 생태계 균형에 영향을 주는 개발 계획이나 거대 사회기반시설(사회 유지와 경제 활동의 기반이 되는 도로, 항만, 철도, 공항, 통신, 전력, 수도 등과 같은 공공시설) 건설에 영향받지 않을 권리 등이 대표적이다. 웅대한 안데스 산맥을 끼고 살아가는 이곳 사람들은 '파차마마(Pachamama, 어머니 지구 또는 대지의 신)'가 모든 삶의 중심에 있다고 믿는다. 이에 따르면, 인간은 다른 생명체와 마찬가지로 지구를 이루는 수많은 구성원 가운데 하나에 지나지 않는다.

민주주의는 무엇인가? 이런 문제의식을 안고 최근 들어 새롭게 떠오르는 것이 생태민주주의입니다. 생태민주주의는 환경문제의 원인을 진단하고 해결 방안을 찾는 데서 기존 정치가 제구실을 하지 못한다는 반성에서 비롯했습니다. 동시에, 정치의 주체인 우리 인간이 '인간중심주의'를 넘어 자연과 인간 이외 생명체들을 포괄하는 생태적 차원으로까지 인식과 실천의 지평을 넓혀야 한다는 문제의식을 지니고 있습니다. 곧, 기존 민주주의가 무시하거나 소홀히 다루는 자연과 미래 세대의 목소리를 대변하는 민주주의가 생태민주주의라고 할 수 있습니다. 이제껏 민주주의의 주요 가치로 자리 잡아 온 자유와 평등, 인간의 존엄 등에서 더 나아가 지구의 지속가능성, 인간과 자연의 조화로운 공존, 동식물을 포함한 생명세계 전체의 안녕과 평화를 추구하는 것이 생태민주주의라는 얘기지요.

생태민주주의는 환경문제와 깊은 관계를 맺기 때문에 생태민주주의를 이해하려면 환경문제의 특성을 알아야 합니다. 환경문제의 가장 중요한 특성은 불확실성과 복잡성입니다. 환경문제의 발생 원인, 전개 과정, 영향과 결과 등 모든 측면이 다 그러합니다. 특히 환경문제는 시간과 공간의 경계는 물론 인간과 자연의 구분을 넘어 거대하고도 장기적인 영향을 미칩니다. 그래서 환경문제는 어떤 일이 벌어지고 나서야 대응하는 사후 처방 방식의 해법이나 일시적이고 부분적인 개선책으로는 해결하기 어렵습니다. 보다 근본적이고 구조적이고 장기적인 해결책을 찾아야 합니다.

이런 점에서 볼 때 기존 민주주의는 중대한 한계와 결함을 드러내고 있습니다. 어떤 점에서 그럴까요?

앞에서도 검토했듯이 선거 중심 대의민주주의는 소수자나 약자를 제대로 대변하지 못합니다. 이는 곧 '비주류 가치'를 적절하게 대변하지 못한다는 뜻이지요. 환경 위기를 낳은 근본 원인은 경제성장, 산업화, 경제적 풍요, 이윤 극대화 등을 무분별하게 추구한 데 있습니다. 이런 것들로 상징되는 물질적 가치가 지배하는 것이 지금의 주류 세상입니다. 자연이나 생명의 가치는 비주류 가치입니다. 그러니 생태적 이슈가 제대로 다루어지기 어렵습니다. 이것이 근본적인 이유입니다.

또한 기존의 대의민주주의는 시간과 공간, 생물종 등의 측면에서 심각한 '대의의 결함'을 지니고 있습니다. 인간 이외 다른 생명체, 아직 태어나지 않은 미래세대, 국가 범위 바깥에 있는 사람들의 이해나 요구를 대변하지 못하니까요.

지금의 정치 시스템은 국경으로 구분되는 국민국가 체제를 바탕으로 합니다. 때문에 지구 온난화, 황사, 방사능 오염처럼 국경을 넘어 발생하는 환경문제를 효과적으로 다루기 어렵습니다. 미래세대는 어떨까요? 지금의 정치 시스템에서 미래세대가 자신들의 이해나 요구를 대변할 정치세력을 스스로 형성할 수 있나요? 미래세대가 할 수 있는 일이라고는 현 세대의 자비심이나 아량에 기대는 것밖에 없습니다. 인간이 아닌 생명체들 또한 마찬가지라는 건 두말할 나위도 없습니다. 이처럼 기존 민주주의는 인간이라는 생물종만의 이해관계를, 그것도 현 세대의 욕구나 필요만을, 그마저도 국가라는 협소한 틀에 갇힌 채 대표하고 대의할 수 있을 뿐입니다.

한편으로, 기존 민주주의는 몇 년마다 한 번씩 치르는 선거가 정치 시스템의 골간을 이룹니다. 그래서 단기적이고 가시적인 이해관계에 얽매이기 쉽습니다. 대부분 정치인의 가장 큰 관심사는 몇 년 뒤에 있을 다음번 선거에서의 당선입니다. 이런 구조에서는 장기적이고 근본적인 대응이 필요한 일들은 뒷전으로 밀릴 가능성이 높습니다. 환경문제가 바로 그러합니다.

대표적인 보기로 기후변화 문제를 살펴볼까요? 기후변화에는 다양한 요인이 복잡하게 얽혀 있습니다. 급속한 산업화와 경제성장, 이를 부추기는 자본주의 체제와 산업주의 문명, 각 개인들의 낭비적인 생활양식과 소비습관, 물질 중심 가치관 등이 그것이지요. 이 모두 장기간에 걸쳐 복합적인 해결책을 찾을 수밖에 없는 문제들입니다. 한편으로는 정치·경제·사회·문화 등 다방면에 걸친 대책이, 다른 한편으로는 전 지구 차원과 국가 차원과 개인 차원 등의 다차원적인 노력이 유기적으로 결합돼야 하지요. 기존의 허술한 대의민주주의 시스템으로 이런 문제를 해결하기는 어렵습니다.

그렇다면 기존 민주주의의 또 다른 축인 자유민주주의와 환경문제의 관계는 어떨까요? 여기서도 결론은 비슷합니다. 자유민주주의는 '사적인 것'을 중시합니다. 하지만 자연과 생명, 미래세대 등은 '공적인 것'입니다. 우리 모두의 것, 지구 공동체 전체의 것, 현 세대를 넘어 후손들에게도 큰 영향을 미치는 것들이지요. 지금의 민주주의로는 환경문제를 해결하기가 어렵다고 얘기하는 또 다른 근거가 여기에 있습니다.

이런 논의는 환경 위기의 역사적 전개 과정과도 연결됩니다. 환경 위기가 깊어져 온 과정은 자본주의가 번창해 온 과정이기도 합니다. 환경 위기를 낳은 주범인 경제성장, 산업화, 개발 등이 모두 자본주의 발전과 발걸음을 함께해 왔지요. 이런 자본주의 체제와 긴밀히 결합돼 전개된 것이 자유민주주의입니다. 결국, 자유민주주의가 발전해 온 과정이 환경 위기가 깊어져 온 과정과 고스란히 겹치는 셈이니 자유민주주의 아래서 환경문제를 해결히기기 쉬울 리 없지요. 문제를 일으킨 원인으로 그 문제를 해결할 순 없는 노릇입니다.

더 깊은 차원에서는 자유민주주의의 철학적 기초인 서구 근대 자유주의의 특성을 지적할 수 있습니다. 자유주의는 합리적 이성을 지닌 인간을 자유와 권리의 주체로 상정합니다. 그렇기에 자연은 인간이 자신의 필요와 욕구에 따라 지배하고 정복하고 착취해도 되는 대상으로 여기는 경향이 강합니다. 자연을 경제성장의 도구, 개발의 대상, 자원 저장 창고쯤으로 취급할 가능성이 높다는 얘기지요. 환경 위기의 중요한 철학적 뿌리 가운데 하나가 여기에 있습니다. 이처럼 기존 민주주의는 환경 위기라는 난제를 해결하기에는 여러모로 역부족입니다. 새로운 민주주의가 필요합니다. 그런 노력의 하나로서 등장한 것이 생태민주주의입니다.

파괴적 성장은 이제 그만

사실, 곰곰이 생각해 보면 민주주의의 본래 정신과 생태적 사유는 서로 '통하는' 부분이 많습니다. 공적 가치를 중시한다든가 들리지 않는 목소리를 들리게 하는 것을 주요 임무로 삼는 것 등이 그것을 잘 보여주지요. 민주주의의 역사는 약자와 소수자의 권리를 확대해 온 과정이기도 합니다. 그렇다면 인간과 자연의 관계에서 약자라고 할 수 있는 자연의 목소리를 대변하고자 하는 생태민주주의가 민주주의의 본래 가치와도 썩 잘 어울린다고 할 수 있지 않을까요?

특히 생태민주주의는 홀로 존재할 수 없습니다. 이 책에서 논의하고 있는 다양한 대안적 민주주의와 결합될 때 생태민주주의는 제대로 된 힘을 발휘할 수 있습니다. 이렇게 보면 생태민주주의는 엉뚱한 발상도 아니고, 지나치게 급진적인 정치기획도 아니라고 할 수 있습니다. 환경 위기라는 도전 앞에서 민주주의를 민주주의의 본래 정신에 걸맞게 더욱 확장하고 심화하자는 것이 생태민주주의의 취지니까요.

생태적 사유에 따르면 인간은 자연의 일부입니다. 모든 것은 서로 연결돼 있습니다. 인간과 인간 이외 생명체는 모두 지구 공동체의 같은 동료 구성원입니다. 때문에 생태민주주의는 인간과 자연 사이의 공감과 소통을 촉구합니다. 그 토대 위에서 인간과 자연이 조화로운 공생의 관계를 맺어야 하며, 이렇게 해야만 인류의 지속가능한 생존과 번영이 가능하다고 강조합니다. 나아가, 제도와 시스템의 변화를 넘어 인간이라는 존재에 대한 근원적인 성찰과 삶의 전환을 촉구합니다.

4. 생태민주주의: 인간과 자연이 함께 사는 길

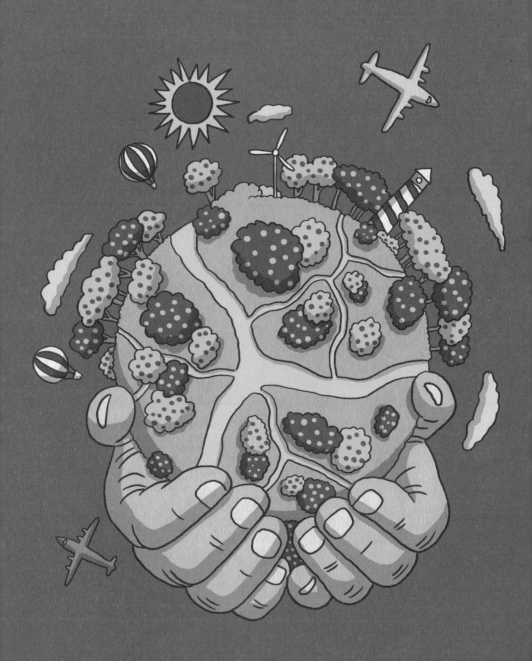

생태민주주의의 앞길은 순탄하지 않습니다. 무엇보다, 아직도 많은 사람이 성장과 경제적 풍요를 중시하는 물질주의 가치관에 젖어 있는 탓에 생태주의의 목소리를 낯설어하고 불편해합니다. 게다가, 사람들 사이의 민주주의도 제대로 못하는 판국에 무슨 자연까지 배려하는 민주주의를 들이대느냐고 힐난하는 사람도 있습니다.

하지만 생태민주주의는 환경문제 해결을 넘어, 오늘날 깊은 위기와 한계에 직면한 기존 민주주의에 새로운 영감과 활력을 불어넣는 데도 값진 구실을 할 수 있습니다. 생태민주주의는 기존의 주류 가치관과는 근본적으로 다른 문제의식을 던지기 때문입니다. '인간만 잘살면 된다'에서 '자연과 더불어 살자'로, '성장만이 살길이다'에서 '파괴적 성장은 멈추자'로. 이것이 생태민주주의가 전하는 메시지입니다.

사실 생태민주주의의 핵심은 구체적인 틀과 방법론을 제시하는 게 아니라 새로운 문제의식과 메시지를 던지는 것이라고 할 수 있습니다. 그래서 생태민주주의의 문제의식과 메시지가 사회경제 시스템, 법과 제도, 정책, 사회적 여론, 사람들의 삶과 의식 등에 스며들고 관철되는 것이 중요합니다. 우리네 문명과 삶의 뿌리를 깊이 성찰하고 그것을 토대로 지금과는 '다른' 내일을 꿈꾸는 것이 생태민주주의입니다. 때문에 어쩌면 생태민주주의에는 새로운 정치적 지혜의 광맥이 묻혀 있을지도 모릅니다. '깊은 성찰'과 '다른 생각'이야말로 지혜의 원천이니까요.

5 전자민주주의:
정보화 시대의 좌표 찾기

전자민주주의는 민주주의의 새로운 거점과 정치 광장을 만들어 내며
현실에서 강력한 힘을 발휘합니다. 특히 온라인 안의 움직임이 오프라
인에서 실제 행동으로 연결될 때 위력은 한층 커집니다. 2010년부터
불타오른 아랍 지역의 민주화 운동, 2011년 미국 뉴욕 월가를 비롯해
세계 곳곳에서 금융자본주의와 신자유주의 세계화를 반대하며 벌어
진 점령하라 시위, 2016~17년에 걸쳐 우리나라에서 벌어진 대통령 탄
핵 촛불 집회 등이 대표 사례들이지요.

민주주의의 새로운 돌파구

생태민주주의는 환경 위기라는 새로운 시대적 도전에 대한 응전으로서 출현했습니다. 끊임없이 새로운 길을 내면서 진화를 계속하는 민주주의의 모습을 잘 보여 주지요. 이런 측면에서 주목해야 할 새로운 형태의 민주주의가 또 한 가지 있습니다. 전자민주주의가 그것입니다. 21세기 현대인이라면 스마트폰, 컴퓨터, 인터넷 등이 없는 세상을 상상하기 어렵습니다. 정보통신기술의 경이로운 발달은 현대인의 생활과 문화를 혁명적으로 바꿔 놓았습니다. 그런 만큼 이런 변화는 자연스레 민주주의에도 새로운 가능성과 과제를 동시에 안겨 주고 있습니다.

기존 대의민주주의가 숱한 문제를 안고 있음에도 건재할 수 있는 것은 현대사회가 직접민주주의를 시행하기에는 너무 크고 복잡해졌다는 논리가 먹혀들기 때문입니다. 이른바 '현실적 한계'지요. 이런 상황에서 사람들은 인터넷과 스마트폰, SNS 등이 열어 주는 신세계 덕분에 정치나 정책 결정 과정에 훨씬 손쉽게 참여할 수 있게 되었습니다. 참여에 필요한 정보를 어렵잖게 얻을 수 있을 뿐만 아니라 시간과 공간의 한계, 경제적 비용 문제 등도 가뿐하게 뛰어넘을 수 있게 됐습니다. 나아가, '사이버 공론장'이 활짝 열리면서 많은 시민이 자유로운 의사 표현과 소통, 수평적인 정보 교류와 전파, 자발적인 토론과 모임 조직 등을 수월하게 할 수 있게 되었습니다. 그 과정에서 시민들은 서로 연결되고 있습니다. 정치의 네트워크화가 이루어지고 있는 거지요. 그리하여 오늘날 정보화 시대의 시민은 스스로 능동적인 여론 형성자이자 의사 결정자, 곧 정치 참여자가 되어 가고 있습니다.

전자민주주의(또는 디지털 민주주의)란 이처럼 정보화 시대를 맞아 전자기술을 이용함으로써 일반 시민의 정치와 정책 결정 참여가 확장되고 일상화된 것을 일컫습니다. 그래서 전자민주주의는 대의민주주의의 한계를 극복하고 궁극적으로는 참여를 통한 직접민주주의를 실현하는 데 크게 기여하리라는 기대를 받곤 합니다. 실제로 전자민주주의는 현실에서 강력한 힘을 발휘합니다. 특히 온라인 안의 움직임이 오프라인에서 실제 행동으로 연결될 때 위력은 한층 커집니다. 시민들은 종종 스마트폰이나 SNS 등을 활용하여 권력의 압제와 부정부패를 폭로합니다. 비판과 저항 여론을 퍼뜨립니다. 외부 세력과 연대하거나 집회와 시위를 조직합니다. 2010년부터 불타오른 아랍 지역의 민주화 운동, 2011년 미국 뉴욕 월가를 비롯해 세계 곳곳에서 금융자본주의와 신자유주의 세계화를 반대하며 벌어진 '점령하라!(Occupy!)' 시위, 2016~17년에 걸쳐 우리나라에서 벌어진 대통령 탄핵 촛불 집회 등이 대표 사례들이지요. 이처럼 새로운 '민주주의의 거점'과 '시민 정치 광장'을 만들어 내는 것이 전자민주주의입니다. ❶

❶ 전자민주주의는 행정 영역에서도 혁신과 민주화를 이끌어 낸다. 이른바 '전자정부'가 그것이다. 정보통신기술을 적극 활용하여 정부 활동의 투명성과 업무 효율성 향상, 시민 정책 제안과 민원 해결 증대, 정보 공개와 시민과의 소통 강화, 정부 운영 방식과 시스템 개선 등을 이루는 것이 대표적이다. 우리나라는 정보통신 환경이 잘 갖추어져 있는 데다 전자정부의 기술력과 효율성 측면에서도 높은 평가를 받는다. 전자투표도 가능해졌다. 특히 원격 전자투표 방식을 활용하면 투표소에 직접 가지 않고도 컴퓨터, 스마트폰, 디지털 텔레비전 등을 통해 어디서든 편리하고 손쉽게 투표할 수 있다. 전자민주주의가 대의민주주의를 보완하고 발전시키는 구실을 한다는 평가를 받는 이유 가운데 하나가 이것이다.

무서워라, 감시사회

첨단 정보화 흐름이 민주주의에 드리우는 '그늘'은 없을까요? 가장 우려스러운 것은 급격한 기술 발달이 자칫 잘못하면 새로운 전체주의로 이어질 수 있다는 점입니다. '디지털 감시사회'가 도래할 위험이 있다는 얘기지요. 예를 한 가지 들어 보겠습니다.

언젠가 어느 정부기관에서 노동조합 활동을 열심히 하는 직원을 부당하게 해고한 일이 사회적 논란을 일으킨 적이 있습니다. 해고 사유는 그 직원이 지각을 자주 한다는 것이었습니다. 그런데 상황을 살펴본 결과, 그 기관에서 눈엣가시 같았던 그 직원을 쫓아내려고 일부러 출근 기록을 조작한 흔적이 드러났습니다. 그 직원이 가지고 다니던 교통카드에 찍힌 버스와 지하철 승하차 기록이 기관이 내놓은 지각 기록과 전혀 달랐던 거지요. 기관이 내놓은 자료에서 지각했다고 기록된 날의 그 직원 교통카드 사용 내역을 조사해 보니, 사무실에서 불과 5~10분 거리의 버스와 지하철 정류장에 그 직원이 내린 시각은 모두 출근 시간 훨씬 전이었습니다. 그러니까 지각 기록까지 거짓으로 조작해서 그 직원을 강제로 쫓아내려고 했던 거지요. 결국 그 직원은 법원 판결에 따라 직장에 다시 복귀할 수 있었습니다.

이 이야기는 우리가 일상적으로 사용하는 교통카드가 얼마나 큰 위력을 발휘할 수 있는지, 그리고 개인 정보를 손에 넣은 기관(또는 사람, 세력)이 마음만 먹는다면 내가 언제 어디에 갔는지를 얼마든지 알아낼 수 있다는 사실을 보여 줍니다. 이처럼 개인의 이동 경로가 고스란히

기록되고 보관되는 일이 널리 퍼진다면 어떻게 될까요? 누구든 '소리 없는' 감시와 추적을 피할 수 없는 무서운 세상이 펼쳐지지 않을까요?

더 심각한 문제는 이런 개인의 사적 정보가 어딘가에 계속 쌓이고 있어도 정작 그 정보의 주인은 그런 일이 벌어진다는 사실을 알아차릴 수 없다는 점입니다. 자기가 감시당하는지를 알지도 못한 채 끊임없는 감시가 이루어질 수 있다는 거지요. 은행에서 돈을 찾고, 신용카드와 교통카드를 사용하고, 자동차를 운전하고, 어딘가를 걸어서 돌아다니고, 병원에 가고, 도서관에서 책을 빌리고, 잡다한 우편물을 받고, 인터넷을 검색하거나 친구에게 전자메일을 보내는 것 등을 포함해 아주 평범하고 일상적인 행위들마저 감시의 그물에서 벗어나기 어렵습니다. 이는 곧 통제로 이어질 수도 있습니다. 그 결과 수많은 사람의 사생활과 자유가 침해될 수 있습니다.

특히 국가기관이 사이버 세계에서 이루어지는 권력 비판을 감시하고 검열하는 것은 '표현의 자유'라는 민주주의의 뿌리를 뒤흔드는 아주 나쁜 짓입니다. 예를 들어 카카오톡에서 이루어지는 대화 내용을 검찰 같은 권력기관이 검열하는 것, 국가기관이 이른바 댓글 부대 등을 동원해 사이버 공론장을 어지럽히고 사회 여론을 조작하려 드는 것이 그러하지요. 감시하는 것은 국가권력만이 아닙니다. 요즘은 기업 또한 중요한 감시 주체가 되었습니다. 일터에서 노동자의 행동을 CCTV 등을 이용해 낱낱이 들여다볼 뿐만 아니라 직원 컴퓨터에 들어 있는 각종 파일, 전자메일, 사이트 접속 등의 내역을 점검하는 회사가 한둘이 아니지요. 이런 현실은 정보화 시대에 새롭게 떠오르는 인권과 자유, 민주주의 문제의 중요성을 새삼 되돌아보게 합니다.

이런 사생활 침해와 감시 문화가 자꾸 퍼진다면 어떻게 될까요? 우리 삶이 더욱 살벌해지고 황폐해지지 않을까요? 거대한 감시 시스템을 만들어 낸 과학기술과 기계, 그리고 이것들을 지배하고 통제하는 특정 권력에 더 깊숙이 종속되지 않을까요? 정보화 사회에서 정보는 곧 권력입니다. 힘입니다. 그 권력과 힘이 국가나 자본과 같은 특정 세력에게 집중되면 필연적으로 민주주의는 훼손됩니다. 이런 위험을 냉철하게 직시하지 않는다면 휘황찬란한 정보화 시대의 뒷골목에서 이루어지는 민주주의의 퇴행을 막기 어렵습니다. ❷

정보화와 함께, 정보화를 넘어

감시사회 이야기가 일깨워 주듯이 정보통신기술이 선사하는 온라인 사이버 공간은 '천의 얼굴'을 지니고 있습니다. 민주주의의 '꽃밭'이 될 수도 있지만 정보화 시대의 '시궁창'이 될 수도 있습니다.

여기서 짚어 보려는 것은 어두운 측면입니다. 우리가 늘 보듯이 온라인 공간에는 폭력적이고 공격적인 언어가 난무합니다. '신상 털기'나 '몰래 카메라 동영상 유포' 등에서 잘 드러나는 것처럼 다른 사람에게 고통을 주는 일도 자주 일어납니다. 일종의 사이버 폭력이지요. 인터넷에 넘쳐 나는 그 방대한 정보 가운데 '쓰레기' 같은 것들이 아주 많다는 것 또한 분명한 사실입니다. 사람들은 그런 무차별적인 정보의 바다에 빠져 허우적거리곤 합니다. 그 와중에 정치 무관심이 확산되기도 합니다. 민주적인 의사 표시와 합리적인 의사소통으로 공공 여론을 만들어 내기보다는 자기 신원이 드러나지 않는 익명성의 장막

❷ 2013년에 벌어진 에드워드 스노든 사건은 감시사회의 실체를 충격적으로 보여 준다. 스노든은 미국의 정보기관과 안보 담당 부서에서 일하던 젊은 청년이었다. 그는 자기가 하는 일이 얼마나 위험한 짓인지를 알고 견딜 수 없었다. 그래서 결국 자기가 아는 것을 세상에 알리면서 일을 그만두었다. 그의 양심선언에 따라 다음의 사실이 온 세상에 드러났다. 미국의 안보 담당 부서는 막강한 권력과 첨단 과학기술 시스템을 활용해 자기 국민뿐만 아니라 전 세계 수많은 사람의 통화 기록, 전자메일 내역처럼 은밀한 개인 정보를 맘대로 수집해 왔다. 이 정보들은 어떤 사람의 친구나 연인이 누구인지, 그가 누구와 어떤 관계를 맺으며, 어떤 감정인지도 알게 하는 것들이었다. 또한 그들은 전 세계를 연결하는 바다 밑 광섬유 케이블에 도청 장치를 달아 수십 개 나라의 최고 지도자의 통화 내용을 엿들었다. 첨단 기술을 동원해 수많은 외국 기업에 대한 스파이 활동도 벌였다. 스노든의 폭로에 온 세계는 발칵 뒤집혔다. '설마 그런 짓까지?' 하며 우려하던 일이 명백한 사실로 드러난 데서 온 충격은 대단히 컸다. 하지만 폭로 뒤 스노든은 조국으로부터 반역자로 낙인찍혀 버림받고 말았다. 심지어 자기 나라로 돌아가지도 못하고 외국에서 힘겨운 망명생활을 이어 가야만 했다.

뒤에 숨어 악의적인 비난과 무책임한 정치공세를 쏟아내기도 하지요. 가짜 뉴스, 의미 없는 잡담, 지나치게 즉흥적이고 자극적인 말 등이 넘쳐 나기도 하고요.

사이버 공간의 이런 특성은 이성적인 판단이나 사려 깊은 선택에 걸림돌로 작용할 가능성이 높습니다. 정보화가 사람들 사이의 관계 형성을 방해한다든가 소외와 단절, 고립 따위를 부추긴다는 비판도 적지 않습니다. 이는 곧 정보화가 민주주의의 중요한 토대인 공적이고 공동체적인 삶을 훼손하는 측면도 있다는 것을 뜻합니다.

약간 다른 얘기지만, 정보화가 인간의 사고 능력, 곧 생각하는 힘을 퇴보시킨다는 지적에도 귀를 기울일 필요가 있습니다. 가령, 흔히 에스키모라 불리는 북극 지방의 이누이트족이 최근 들어 사냥하다가 길을 잃거나 큰 사고를 당하는 일이 잦아졌다고 합니다. 조사해 보니 원인은 이들이 사용하는 첨단 장비에 있었습니다. 인공위성을 활용하는 첨단 위치 추적 장비에 사냥을 의존하게 되면서, 조상 적부터 전해져 내려온 지역에 관한 구체적이고 살아 있는 지식을 잃어버렸다는 얘기지요. 자연 속에서 몸으로 익혔던, 눈밭에서 길을 찾는 능력이나 감각도 무뎌져 버렸고요.

요즘 대다수 사람이 자동차에 달고 다니는 내비게이션은 어떨까요? 내비게이션 덕분에 훨씬 편리하고 빠르게 목적지를 찾아가게 된 것은 사실입니다. 하지만 운전하는 사람은 자기가 가는 곳의 진짜 위치와 경로는 제대로 알지 못하게 됐습니다. 방향 감각, 공간과 장소를 파악해 찾아가는 능력, 지도를 보거나 사람들에게 길을 물어 가며 여행하

213

는 데서 오는 미묘한 재미 같은 것들도 점차 사라지게 됐고요. 그 결과 여러 능력과 감각을 동원해 어딘가를 찾아가는 창조적이고도 능동적인 일이 기계의 지시에 따라 그저 운전대를 이리저리 돌리는 단순하고도 수동적인 행위로 바뀌고 말았습니다. 이것을 인간 능력의 퇴화라고 하면 너무 극단적인 말일까요? 이런 예를 꼽자면 한두 가지가 아닙니다. 인터넷, 스마트폰, 전자계산기 등에 대해서도 비슷한 얘기를 할 수 있지요.

디지털 세계에서 디지털 방식으로 쌓은 지식의 한계를 지적하는 목소리도 만만치 않습니다. 그저 쓱 훑어보며 스쳐 지나가는, 가볍고도 잡다한 지식 쪼가리일 뿐이라는 거지요. 책을 읽고 글을 쓰는 능력이 떨어지니 어휘력도 빈곤해집니다. 언어의 빈곤은 사유의 빈곤입니다. 그래서 어떤 학자는, 민주주의가 위기에 빠진 큰 원인은 지적 빈곤이며 그 바탕에는 디지털 기술을 중심으로 한 정보통신혁명이 깔려 있다고 주장하기도 합니다. 이 또한 너무 극단적인 얘기일까요? 정보통신기술의 발전이 인간의 능력을 눈부시게 키운 건 너무나 분명한 사실입니다. 하지만 동시에, 정보화가 인간이 오랜 세월 갈고 닦아 온 다양한 능력과 재주를 갉아먹는 측면이 있다는 것 또한 부인하기 힘듭니다.

정보화가 드리우는 또 하나의 그늘은 '디지털 격차(digital divide)', 곧 정보 불평등 문제입니다. 나라 안팎의 현실을 보면 소득 수준, 교육 정도, 인종, 성별 등에 따라 컴퓨터와 인터넷 접근 기회에서 아주 큰 차이가 납니다. 정보를 얻고 이해하고 가공하고 활용하는 능력에서도 큰 차이를 보입니다. 정보 불평등은 정치적·사회경제적 불평등과 긴밀히 맞물려 있는 동시에 이런 불평등을 확대 재생산하는 불쏘시개 구실을 합니다. 게다가 정보 양극화는 정치 양극화로 이어지기 마련입니다. 이는 민주주의의 커다란 위협 요인입니다.

이제 우리는 이런 점들을 종합적으로 고려할 줄 아는 안목을 갖추어야 합니다. 전자민주주의의 '껍데기'나 시스템만 들여온다면 민주주의의 절차적 편의성만 높이는 결과를 낳을 수도 있습니다. 실제로 전자민주주의 시스템 아래서는 정치 참여 과정이 가볍고 빠른 '클릭' 몇 번으로 끝날 가능성이 없지 않습니다. 이렇게 되면 시민은 정치 생산자가 아니라 단순한 전자 서비스 소비자로 전락할 수도 있습니다. 중요한 것은 정보화와 민주주의의 관계를 정확하게 이해하는 일입니다. 더 근본적으로는 과학기술 자체에 대해 진지하고 비판적인 성찰이 필수적으로 요구되고요.

하지만 부정적 측면이 크다고 해서 정보화 흐름을 반대하는 것은 어리석고도 부질없는 짓입니다. 정보화는 피할 수도 없고 거스를 수도 없고 돌이킬 수도 없는 대세입니다. 우리가 할 일은 정보통신기술에 담긴 잠재력과 가능성을 최대한 민주주의를 풍요롭게 하는 방향으로 현명하게 이용하는 것입니다. 정보화를 새로운 발판이자 기회로 삼되 정보화 물결에 어리바리 휩쓸리진 말 것. 정보화와 함께하되 정보화를 넘어설 것. 전자민주주의가 걸어가는 길에서 꼭 기억해야 할 지침들입니다.

6 청소년 민주주의: 청소년에게도 정치를 허하라

한 사회의 민주주의가 발전하려면 어릴 때부터 민주주의를 배우고 익혀야 합니다. 지식을 쌓을 뿐만 아니라 실제 경험을 통해 민주주의적 인격과 감수성을 몸에 배게 해야 합니다. 민주주의자가 되는 훈련을 많이 할수록 민주공화국의 멋진 시민으로 자라날 가능성이 높아집니다. 청소년은 정치적 칠부지가 아닙니다. 지적으로나 도덕적으로 미숙아도 아닙니다. 청소년에게 투표권을 부여하는 것은 성숙한 민주사회를 향해 가는 첫걸음입니다.

혁명의 주역은 그대들이었다

이승만 독재 정권을 물리친 1960년 4·19혁명이 역사에 길이 빛나는 민주항쟁의 쾌거라는 것은 모두가 아는 사실입니다. 그런데 이 혁명의 싹을 틔운 주체가 누구였는지 알고 있나요? 바로 학생과 청소년들이었습니다.

혁명이 일어나기 한 달여 전인 1960년 3월 15일은 대통령 선거일이었습니다. 그래서 선거운동이 한창이던 2월 28일, 대구에서 야당 후보의 선거 유세가 열렸습니다. 그런데 당시 이승만 정권은 유세장에 군중이 많이 몰리는 걸 막으려고 그날이 일요일임에도 학생들에게 등교 명령을 내렸습니다. 학생들의 참여를 원천봉쇄하려는 술수였지요. 이에 대구 지역 고등학생들 2000명이 등교를 거부하면서 대구시청을 향해 행진을 벌였습니다. "일요일 등교가 웬 말이냐!", "학원에 자유를 달라" 등과 같은 구호를 외치면서 말입니다. 대구 청소년들의 용기 있는 거리 행진은 그 뒤 민주화 시위를 확산시키는 도화선이 되었습니다.

당시 대통령선거는 부정선거로 얼룩졌습니다. 독재 정권이 권력을 연장하려고 유권자 명부 조작, 사전 투표, 공개 투표, 득표수 조작 등 온갖 불법 행위를 곳곳에서 저질렀지요. 이런 사실이 드러나자 이번엔 경남 마산에서 분노한 시민과 학생들이 들고일어났습니다. 이에 경찰은 무자비한 폭력 진압으로 대응했습니다. 평화 시위에 나선 군중들에게 무차별 총격을 가했더랬지요. 그 와중에 여덟 명이 총에 맞

6. 청소년 민주주의: 청소년에게도 정치를 허하라

아 죽었습니다.

그러다 4월 11일, 마산 앞바다에 참혹한 모습의 사람 시신 한 구가 떠올랐습니다. 경찰이 쏜 최루탄이 눈에 박힌 열일곱 살 마산상고 1학년생 김주열이었지요. 권력이 저지른 이 끔찍한 만행은 수많은 시민의 가슴에 불을 질렀습니다. 저항과 혁명의 불길이 전국적으로 타오르기 시작했습니다. 서울은 물론 전국 곳곳에서 대규모 시위가 벌어졌습니다. 이때도 고등학생과 대학생들이 대거 참여했습니다. 중학생들도 적지 않았고요. 드디어 4월 19일, 수십만의 시민과 학생이 거리로 쏟아져 나왔고, 그 가운데 수천 명이 경무대(지금의 청와대)로 진격했습니다. 시민의 손으로 직접 독재자를 권좌에서 끌어내리겠다는 의지의 표현이었지요. 이에 맞서 이승만 정권은 또다시 시민들을 향해 무차별로 발포하는 등 폭력을 휘둘렀습니다. 그 결과 186명이 죽었고 6259명이 부상을 당했습니다. 이건 공식 확인된 기록으로, 실제로는 더 많은 사람이 죽거나 다쳤습니다.

여기서 눈길을 끄는 게 있습니다. 사망자의 41퍼센트(고교생 36명, 대학생 22명, 중학생 이하 19명)가 꽃다운 학생들이었다는 점입니다. 그래서일까요? 시민 저항은 더욱 거세게 불타올랐고, 독재자 이승만은 4월 26일 마침내 하야했습니다.

청소년이 민주주의 역사에 굵은 발자취를 남긴 건 이때뿐만이 아닙니다. 1980년 광주 민주화 운동 때에도, 광우병 위험이 있는 미국산 소고기 수입 반대를 외치며 수많은 시민이 들고일어났던 2008년 촛불 시위 때에도, 2016~17년의 '촛불 시민혁명' 때에도, 중고등학생을 비롯한 청소년들이 어엿한 주역으로 참여했습니다. 더 거슬러 올라가면 일제 강점기 시절에도 그랬습니다. 당시에도 식민지 현실에 분노하고 조국의 독립을 갈망했던 수많은 청소년이 독립운동에 뛰어들었더랬지요.

청소년은 단지 청소년으로 끝나는 게 아닙니다. 국민이고, 시민이고, 주민입니다. 청소년 한 사람 한 사람이 모두 이 나라의 주권자입

니다. 그래서 청소년이 정치에 관심을 가지고 참여하는 건 자연스럽고 당연한 일입니다. 그럼에도 일부 사람들은 이렇게 주장합니다. 청소년은 아직 성숙한 어른이 아니어서 독자적인 판단 능력이 떨어진다. 그래서 부모나 교사 같은 어른들의 지도 없이는 정치 참여나 사회적 활동을 삼가야 한다. 학생들이 투표권 행사를 비롯해 정치 참여를 하면 공부하는 데 방해가 되고 학교가 '정치판'으로 변질될 것이다. 이에 대해 어떻게 생각하나요? 이 책을 여기까지 읽었다면 충분히 알게 되었을 것입니다. 이런 주장은 근거가 없거나, 과장되었거나, 청소년을 정치와 민주주의에서 떼어 놓으려는 '나쁜 의도'에서 비롯됐다는 사실을 말입니다.

⚖ 18살 유권자 탄생, 청소년도 동등한 시민으로

청소년이 정치에 참여하거나 민주주의를 실천할 수 있는 방법은 아주 많습니다. 그중에서도 최근 가장 뜨거운 이슈가 되는 것은 청소년 투표권 문제입니다. 구체적으로는 투표권을 18살 이하 청소년한테까지도 허용하느냐 여부를 둘러싼 논란이지요. 잘 알다시피 우리나라는 2019년 공직선거법 개정안이 통과하면서 선거 연령을 18세로 하향 조정했습니다.

투표권을 몇 살부터 주느냐는 실제 선거 결과에도 큰 영향을 미칩니다. 청소년의 여론과 표가 어떻게 움직이느냐에 따라 선거 결과가 얼마든지 달라질 수 있으니까요. 그만큼 이 문제는 사회 전체적으로도 큰 의미를 가지는 중요한 사안이었습니다. 그래서 다양한 사회적 토론과 합의 과정이 있었고, 최근엔 18세 유권자에 대한 인식의 변화가 필요하다는 목소리도 나오고 있습니다.

사실 18세부터 투표권을 주자는 얘기는 오래전부터 나왔습니다. 하지만 젊은이들한테서 지지를 받기 어려운 보수적인 정치세력과 정치인들이 자기들 이익을 지키려고 완강하게 반대하는 탓에 법 개정에 오랜 시간이 걸렸습니다. 하지만 선거 연령을 낮추는 것은 오늘날 전 세계적인 흐름입니다. 말레이시아 의회도 2019년 7월 선거 연령을 21세에서 18세로 낮추는 개헌안을 만장일치로 가결했습니다. 의원 피선거권도 21세에서 18세로 낮추고, 18세가 되면 자동으로 선거인 명부에 이름이 올라가는 자동 유권자 등록제도 포함되었지요. 고령화와 정치 보수화 현상이 심각한 일본마저 젊은 층의 목소리를 정치적으로 대변할 필요가 있다는 이유로 지난 2015년 6월 20세에서 18세로 선거 연령을 낮췄습니다.

심지어는 선거 연령 기준이 16세이거나 17세인 경우도 더러 있습니다. 예컨대 오스트리아는 2007년에 18세에서 16세로 낮췄습니다. 스코틀랜드는 2014년 분리 독립 여부를 묻는 주민투표에서 투표권 연령을 16세로 낮춘 뒤 2015년부터는 모든 선거의 투표권을 16세 이상에게 허용했습니다. 독일(16개 주 가운데 10개 주)과 스위스는 지방선거에 한해 16세까지 투표권을 줍니다. 그래서 독일에서는 고등학교 1학년만 되면 도지사, 시장, 교육감을 자기 손으로 뽑고, 고등학교 3학년이면 국회의원이 될 자격이 생깁니다. 실제로 독일에서는 고등학생이 국회의원으로 선출된 사례가 있습니다.[●] 이 외에 아르헨티나, 브라질, 쿠바, 에콰도르, 인도네시아, 니카라과 등에서도 16~17세부터 투표를 합니다.

20세 이상만 투표할 수 있는 나라는 사우디아라비아, 쿠웨이트, 카메룬, 중앙아프리카공화국, 말레이시아, 싱가포르 등을 비롯해 아프리카, 동남아시아, 중동 지역 등지의 극소수 나라들뿐이지요. 그러므로 선거 연령을 오랫동안 19세로 고집한 것은 시대에 한참이나 뒤떨어진 생각이었다고 할 수 있습니다. 청소년이 미래의 구성원이 아닌 현재의 구성원으로 '유권자'라는 인식을 가져야 합니다. 그리고 장기적으로는 연령을 더 낮추는 방향으로 가야 합니다. 선거 업무를 총괄하는 국가기구인 중앙선거관리위원회에서도 선거 연령을 낮춰야 한다는 의견을 밝혀 왔지요.

특히, 최근 들어서는 교육감 선거 투표권을 16세 이상 모든 청소년에게 허용해야 한다는 목소리가 부쩍 높아지고 있습니다. 교육감 선거는 4년마다 도지사, 시장, 지방의원 등을 뽑는 지방선거 때 함께 치릅니다. 교육의 3대 주체는 누구인가요? 학생, 학부모, 교사입니다. 그런데도 교육에 관한 한 커다란 권한을 행사하는 교육감 선거에서 유독 학생에게만 선거권을 주지 않고 있습니다. 이게 공평한 처사일까요? 중대한 인권 침해가 아닐까요?

학생들의 교육과 생활에 막대한 영향을 미치는 교육감 선거에 직접 당사자인 학생들이 참여하는 것은 당연한 일입니다. 이미 2013년에 국가인권위원회에서도 이렇게 공식적으로 권고한 적이 있습니다. "교육감 선거는 다수 청소년에게 직접 영향을 미친다. 그럼에도 청소년은 선거에 참여할 수 없다. 선거 목적이나 성격에 따라 연령 기준을 다르게 하는 방안이 필요하다." 우리나라 인권 문제를 총괄하는 국가 기구가 청소년이 교육감 선거에 참여할 수 있도록 하라는 의견을 이미 공개적으로 밝혔다는 거지요.

이 책은, 어떤 결정의 영향을 받는 이들은 누구나 그 결정에 주체로서 참여하는 것이 옳다는 신념에 기초한 정치 질서가 민주주의라는 사실을 거듭 강조하고 있습니다. 민주주의의 정신과 가치를 부정하지 않는다면 교육감 선거를 포함해 선거 연령을 하루빨리 낮추어야 합니다. ❷

❶ 독일이 청소년의 정치 참여를 얼마나 중시하는지를 보여 주는 또 하나의 대표적 사례는 'U18 투표'라는 것이다. 국적과 상관없이 독일에 사는 17세 이하 청소년과 어린이라면 누구나 참여할 수 있는 선거로서, 국회의원을 뽑는 총선 9일 전에 전국에 설치된 투표소에서 실제 선거와 똑같은 투표용지에 모의투표를 하는 것을 가리킨다. 아직 국회의원 투표권이 없는 17세 이하 어린이와 청소년들이 스스로 정치적 견해를 결정하고 투표 과정을 경험하게 하려는 취지로 1996년부터 시작됐다. 정부가 재정을 지원하며, 전국의 청소년 단체 회원과 자원봉사자들이 투표 과정 전반을 진행한다. 모의투표소 설치는 자발적 참여로 이뤄진다. 예를 들면 초등학생들이 자기 학교 앞에 설치할 수도 있고 부모들이 아이와 함께 동네 공원에 마련할 수도 있다. 대개 길거리, 광장, 공원, 도서관, 체육관, 학교, 청소년 시설 등에 설치된다고 한다. 참여율도 높은 편이다. 2013년 총선 U18 투표에선 모두 19만 8000여 명의 어린이와 청소년이 참가했다. 1~5세 투표자가 188명, 6~10세는 1만 2000여 명, 11~15세는 9만 2000명에 이르렀다고 한다. 독일에선 최근 국회의원 투표권 나이 기준을 지방선거처럼 16세까지 낮추자는 요구가 높아지고 있다.

❷ 참고로 다른 법을 한번 들여다보자. 결혼 가능 연령을 규정한 민법, 입대 연령을 정한 병역법, 운전면허 취득 기준을 정한 도로교통법, 8급 이하 공무원 시험 응시 가능 연령을 정한 공무원 임용 시험령 등은 모두 18세 이상을 연령 기준으로 삼고 있다. 취업 연령을 규정한 근로기준법에서는 15세 이상이 기준이다. 본문에서 얘기했듯이, 이런 걸 보면 청소년은 아직 판단 능력이 부족하다느니 하는 따위의 말은 거짓말이거나 의도적인 과장에 지나지 않는다는 것을 잘 알 수 있다. 특히 고약한 것은 병역법이다. 국방의 '의무'는 그렇게 일찍부터 지우면서 정치적 '권리'는 왜 일찍부터 주지 않는가? 무엇보다, 전 세계 대다수 청소년이 우리보다 앞서 이른 나이부터 투표권을 누려온 이유가 그들이 우리나라 청소년들보다 지적으로나 도덕적으로 우수해서라는 말인가?

멋진 민주주의자가 되는 길

우리 사회의 주류 기성세대는 중고등학교 시절은 공부에 집중해야 할 때이므로 청소년은 그저 공부만 열심히 하라고 훈육해 왔습니다. 하고 싶은 일은 대학 진학이나 사회 진출 후에 실컷 하면 된다는 식의 우스꽝스러운 권고를 곁들이면서 말입니다. 한데 그렇게 해서 남은 건 뭔가요? 살벌한 입시 경쟁 아래 이른바 '좋은 대학'을 가기 위한 사다리에서 남들보다 한 칸이라도 더 높이 오르려고 발버둥치는 사적 개인만을 무더기로 만들어 낸 건 아닐까요? 자유로운 배움의 기회를 빼앗고 다양한 성장 가능성을 가로막은 채 '공부 노예'나 '학습 기계' 같은 인간만을 대량으로 '사육'해 온 건 아닐까요? 마치 이런 학생을 훌륭한 모범생인 양 치켜세우면서 말입니다.

한 사회의 민주주의가 발전하려면 어릴 때부터 민주주의를 배우고 익혀야 합니다. 지식을 쌓을 뿐만 아니라 실제 경험을 통해 민주주의적 인격과 감수성을 몸에 배게 해야 합니다. 민주주의자가 되는 훈련을 많이 할수록 민주공화국의 멋진 시민으로 자라날 가능성이 높아집니다. 또한 이렇게 될수록 미래의 세상은 지금보다 훨씬 더 밝고 건강해질 것입니다.

18세 이하 청소년들에게 투표권을 부여한 것은 이를 위한 첫걸음입니다. 청소년은 '정치적 철부지'가 아닙니다. 지적으로나 도덕적으로나 '미숙아'도 아닙니다. 청소년들에게 투표권을 주는 것은 미래를 짊어질 다음 세대가 훌륭한 민주주의자로 성장하는 것을 돕는 최고의 시민교육이라 말할 수 있을 것입니다.

청소년에게 정치를 허하라! 물론 처음에는 부작용이나 후유증이 있을 수 있겠지요. 시행착오와 우여곡절도 겪을 테고요. 하지만 그런 과정을 거치면서 우리는 자신의 몸과 영혼에 민주주의의 유전자를 더욱 깊이 새겨 넣습니다. 그렇게 우리는 아름답고 늠름한 민주주의자로 성장해 갑니다.

고대 그리스 철학자 중에 디오게네스라는 사람이 있습니다. 어디에도 얽매이지 않고 민중 속에서 자유롭게 살아간 거리의 철학자였지요. 당시 세계를 정복한 알렉산드로스 대왕이 찾아와 무엇이든 원하는 건 다 들어줄 테니 말하라고 하자 "햇빛이나 가리지 말고 비키시오"라고 대꾸했다는 일화로 널리 알려진 바로 그 사람입니다. 그에게는 이런 얘기도 전해집니다. 유명한 그리스 철학자 플라톤이 어느 날 그가 채소 씻는 모습을 보고서 말을 건넵니다. "당신이 왕에게 봉사한다면 채소를 직접 씻는 일 따위는 하지 않아도 될 것이오." 그러자 디오게네스는 이렇게 맞받아칩니다. "당신이 스스로 채소 씻는 법을 안다면 왕 따위에게 봉사하며 노예로 살지 않아도 될 것이오." 참된 자유인으로 살고자 했던 그에게 왕의 권력이나 권위 따위는 아무것도 아니었습니다.

얼핏 디오게네스는 좀 유별난 독불장군인 것처럼 비치기도 합니다. 하지만 절대 권력자 앞에서도 전혀 주눅 들지 않는, 다시 말하면 자기 삶의 주인으로 사는 자만이 누릴 수 있는 당당한 자유와 위엄이 이런 게 아닐까요? 이 책이 전하는 민주주의의 고갱이가 바로 이것입니다. 자기 운명을 스스로 설계하고 개척하는 것. 자기 땅의 임자로 사는 것. 요컨대 힘과 권능을 갖추고 나 자신이 주권자이자 입법자이자 통치자가 되어 스스로를 다스리는 것.

이 책이 가장 중요한 화두로 삼은 것은 '민주주의란 무엇인가?'라는 질문이었고, 이에 대해 우리는 이런 답을 얻었습니다. 그렇지만 앞에서도 강조했듯이 민주주의에는 '끝'이 없습니다. 손쉬운 지름길도, 단 하나의 모범 답안도 없습니다. 민주주의의 본래 특성이 그러합니다. 민주주의는 늘 불완전하고 불확실합니다. 이 사실을 깨닫고 받아들일 때에만 제 길을 올바로 갈 수 있는 것이 민주주의입니다. 그래서 연구자들은 이런 식으로 얘기하곤 합니다. 민주주의란 "영원히 어린아이의 것", "언제나 처음 질문인 '민주주의란 무엇인가?'를 끊임없이 되묻는 것", "언제 어디서나 겸손한 자들의, 겸손한 자들에 의한, 겸손한 자들을 위한 것"이라고 말입니다.

그래서 민주주의에는 '성장의 한계' 같은 게 없습니다. 민주주의는 클수록 좋고 많을수록 좋습니다. 커질수록 좋고 많아질수록 좋은 게 민주주의입니다. '이만하면 충분하다'고 할 수 있는 민주주의란 없습니다. 아무리 민주적인 정부가 들어서고 그 정부가 열심히 일한다고 해도 본질적으로 민주주의는 늘 부족합니다. 이런 맥락에서, 이 책에서 논의한 여러 민주주의 대안은 지금의 병들고 고장 난 민주주의를 한 방에 치유할 수 있는 만병통치약이 아닙니다. 완벽하거나 최종적인 해결책도 아닙니다. 기본 방향과 얼개를 안내해 주는 일종의 이정표 또는 나침반 같은 것입니다. 구체적이고 실질적인 내용을 채우는 것은 앞으로 우리가 해야 할 일이겠지요.

주옥같은 동화 작품을 많이 남긴 고(故) 권정생 선생은 이렇게 말했습니다. "하느님나라는 절대 하나 되는 나라가 아닙니다. 하느님나라는 각각 그 빛깔과 모양이 다른 일만 송이의 꽃들이 만발하여 조화를 이루는 나라입니다." 민주주의의 나라 또한 이러합니다. 이 책이 전하는 메시지를 비롯해 수많은 모색과 실천이 서로 연결되고 어우러질 때, 민주주의는 한층 더 깊고 높은 차원으로 나아갈 것입니다.

평등한 사람들이 서로 자유롭게 토론하고 연대하며, 그렇게 해서 생겨난 힘과 지혜로 삶의 가치와 공동체의 품격을 높여 온 것이 민주주의가 걸어온 길입니다. 핵심은 참여입니다. 무관심, 방관, 냉소, 패배주의는 민주주의의 적입니다. 내가, 당신이, 그리하여 우리 모두가 사적인 이해관계의 동굴을 박차고 나와 공적인 참여의 광장에서 어깨동무하며 만날 때 민주주의의 영토는 확장됩니다. 그런 참여를 원동력으로 하여 민주주의는 앞으로도 다채로운 리듬과 율동으로 진화해 나갈 것입니다.

민주주의는 지금 이 순간에도 우리에게 묻습니다. 당신은 어떤 삶을 살고 싶은가? 당신은 어떤 세상을 원하는가? 이것은 책의 첫머리에서도 언급한 질문입니다. 이런 질문을 던지고 그 질문에 대한 답을 궁리하면서, 나아가 그렇게 찾아낸 답을 실천으로 옮기면서 우리는 하루하루 강건한 민주주의자로 성장하게 됩니다. 민주주의는 생명의 본질입니다. 다시금 확인하거니와 자기 삶의 주인으로 사는 것이야말로 모든 생명의 가장 간절한 열망이며, 이것을 이루자는 것이 민주주의이기 때문입니다. 생명의 역사는 영원하기에 민주주의의 역사 또한 영원할 것입니다.

참고한 책
〰〰〰〰〰

가난이 조종되고 있다 에드워드 로이스 지음, 배충효 옮김, 명태, 2015

경제 민주주의에 관하여 로버트 달 지음, 배관표 옮김, 후마니타스, 2011

경제민주화를 말하다 노암 촘스키·조지프 스티글리츠 지음, 김시경 옮김, 위너스북, 2012

과학이 해결해주지 않아 장성익 지음, 풀빛미디어, 2016

국민을 위한 선거는 없다 다비트 판 레이브라우크 지음, 양영란 옮김, 갈라파고스, 2016

내 이름은 공동체입니다 장성익 지음, 풀빛, 2015

논쟁으로서의 민주주의 최장집 외 지음, 후마니타스, 2013

누가 민주주의를 훔쳐 갔을까? 김은식 지음, 이상한도서관, 2014

다시, 민주주의를 말한다 도정일 외 지음, 휴머니스트, 2010

당신은 민주국가에 살고 있습니까 김영수 지음, 알렙, 2016

대한민국은 민주공화국인가 경향신문 창간 70주년 특별취재팀 지음, 책세상, 2017

더 나은 삶을 상상하라 토니 주트 지음, 김일년 옮김, 플래닛, 2012

래디컬-급진주의자여 일어나라 사울 D. 알린스키 지음, 정인경 옮김, 생각의힘, 2016

마우스랜드 토미 더글러스 지음, 한주리 그림, 책으로보는세상, 2011

무엇을 할 것인가 손석춘 지음, 시대의창, 2014

미친 세상에 저항하기 에이미 굿맨 외 지음, 노시내 옮김, 마티, 2011

민주주의 이승원 지음, 책세상, 2014

민주주의 대 민주주의 주성수 외 지음, 아르케, 2006

민주주의 색깔을 묻는다 손석춘 지음, 우리교육, 2010

민주주의 이야기 제임스 랙서 지음, 김영희 옮김, 행성B온다, 2016

민주주의, 약자들의 희망이 될 수 있을까? 리처드 스위프트 지음, 서복경 옮김, 이후, 2007

민주주의란 무엇인가 고병권 지음, 그린비, 2011

민주주의에 反하다 하승우 지음, 낮은산, 2012

민주주의의 모델들 데이비드 헬드 지음, 박찬표 옮김, 후마니타스, 2010

민주주의의 삶과 죽음 존 킨 지음, 양현수 옮김, 교양인, 2017

민주주의의 수수께끼 존 던 지음, 강철웅·문지영 옮김, 후마니타스, 2015

민주주의의 유형 아렌드 레이프하트 지음, 김석동 옮김, 성균관대학교출판부, 2016

민주화 이후의 민주주의 최장집 지음, 후마니타스, 2010

백만 개의 조용한 혁명 베네딕트 마니에 지음, 이소영 옮김, 책세상, 2014

법정에 선 나무들 크리스토퍼 D. 스톤 지음, 허범 옮김, 아르케, 2003

부자들은 왜 우리를 힘들게 하는가? 제이콥 해커·폴 피어슨 지음, 조자현 옮김, 21세기북스, 2012

분노와 희망의 네트워크 마누엘 카스텔 지음, 김양욱 옮김, 한울아카데미, 2015

살아 있는 민주주의 프란시스 무어 라페 지음, 우석영 옮김, 이후, 2008

선거는 민주적인가 버나드 마넹 지음, 곽준혁 옮김, 후마니타스, 2004

선거파업 안치용 지음, 영림카디널, 2016

세계화 이후의 민주주의 귄터 그라스 외 지음, 이승협 옮김, 평사리, 2005

수취인: 자본주의, 마르크스가 보낸 편지 강신준 지음, 풀빛, 2016

시민 쿠데타 엘리사 레위스·로맹 슬리틴 지음, 임상훈 옮김, 아르테, 2017

시민의 불복종 헨리 데이비드 소로 지음, 강승영 옮김, 은행나무, 2011

왜 가난한 사람들은 부자를 위해 투표하는가 토마스 프랭크 지음, 김병순 옮김, 갈라파고스, 2012

왜 우리는 정부에게 배신당할까? 이정전 지음, 반비, 2015

이것을 민주주의라고 말할 수 있을까? 셸던 월린 지음, 우석영 옮김, 후마니타스, 2013

이것이 민주주의다 김비환 지음, 개마고원, 2013

작은 것이 아름답다 E. F. 슈마허 지음, 이상호 옮김, 문예출판사, 2002

전문가의 독재 윌리엄 이스털리 지음, 김홍식 옮김, 열린책들, 2016

절반의 인민주권 E. E. 샤츠슈나이더 지음, 현재호·박수형 옮김, 후마니타스, 2008

주식회사 이데올로기 마조리 켈리 지음, 제현주 옮김, 북돋움, 2013

지금 다시, 헌법 차병직 외 지음, 로고폴리스, 2016

직접 민주주의 주성수 지음, 아르케, 2009

직접민주주의로의 초대 부르노 카우프만 외 지음, 이정옥 옮김, 리북, 2008

직접행동 에이프릴 카터 지음, 조효제 옮김, 교양인, 2007

참여하는 시민 즐거운 정치 이남석 지음, 책세상, 2005

청소년, 정치의 주인이 되어 볼까? 이효건 지음, 사계절, 2013

추첨 민주주의 어니스트 칼렌바크·마이클 필립스 지음, 손우정·이지문 옮김, 이매진, 2011

추첨 민주주의 강의 이지문 지음, 삶창, 2015

풀뿌리민주주의와 아나키즘 하승우 지음, 이매진, 2014

현대 한국정치 손호철 지음, 이매진, 2011

EBS 다큐프라임 민주주의 EBS 다큐프라임 민주주의 제작팀·유규오 지음, 후마니타스, 2016

〈한겨레〉〈경향신문〉〈오마이뉴스〉〈프레시안〉 관련 기사들